MODERN HUMANITIES RESEARCH ASSOCIATION
CRITICAL TEXTS
VOLUME 49

Voyage en Normandie

Bernardin de Saint-Pierre

Voyage en Normandie

by
Bernardin de Saint-Pierre

Edited by
Malcolm Cook

Modern Humanities Research Association
2015

Published by

The Modern Humanities Research Association
Salisbury House
Station Road
Cambridge CB1 2LA
United Kingdom

© *The Modern Humanities Research Association, 2015*

Malcolm Cook has asserted his right under the Copyright, Designs and Patents Act 1988 to be identified as the author of this work. Parts of this work may be reproduced as permitted under legal provisions for fair dealing (or fair use) for the purposes of research, private study, criticism, or review, or when a relevant collective licensing agreement is in place. All other reproduction requires the written permission of the copyright holder who may be contacted at rights@mhra.org.uk.

First published 2015

ISBN 978-1-78188-186-6

Copies may be ordered from www.criticaltexts.mhra.org.uk

CONTENTS

Introduction 1
Voyage en Normandie 4

INTRODUCTION

Au printemps de 1775 Bernardin de Saint-Pierre décida de partir à pied de Paris pour se rendre en Normandie, pour revoir sa sœur et les lieux qu'il avait connus dans sa jeunesse. Il décrivit les différentes étapes de son voyage dans un journal manuscrit dont une partie seulement a été publiée. Le reste est inédit.[1] Ce journal intime nous permet de voir le caractère de Bernardin à un moment critique de sa vie. Il est de retour de l'île de France et il commence à s'installer à Paris. Il a rencontré Rousseau et il est en correspondance avec d'Alembert. Le manuscrit nous permet aussi de voir une image de la région, de ses mœurs, et les réactions de Bernardin face à cette réalité. Le début nous donne une idée de l'état de l'esprit du personnage:

> J'avais formé le projet de faire tout ce qui me serait agréable pour me distraire du tumulte de Paris, des haines de société, des partis de la calomnie publique, enfin tout ce qui déprave l'âme. On fait des retraites mais on devrait voyager. L'aspect de la nature réconcilie l'homme avec elle et lui-même. (p. 1)

Bernardin retourne dans sa province natale après une absence de dix ans. Il y voit beaucoup de changements:

> Il y avait dix ans que je n'avais été à Dieppe. Oncle trouvé très vieux. Petits cousins devenus grands et hommes ayant fait plusieurs voyages. Parentes jolies devenues laides. Les autres morts. Maisons et quartiers où demeuraient des familles ne sont plus. Familles toute entières disparues. (p. 18)

A part les changements évidents au niveau des gens qu'il connaissait dans sa jeunesse, ce manuscrit nous donne une image riche de la Normandie et surtout de la côte normande et des occupations des Normands à l'époque. Il nous donne aussi une idée de la psychologie de l'auteur à un moment critique de sa vie. Le manuscrit nous montre les préoccupations de l'auteur et nous pouvons apprécier, dans les descriptions qu'il nous donne du paysage, sa formation d'ingénieur militaire. Le manuscrit est riche aussi en réflexions de l'auteur. Nous pouvons voir la manière dont il constate ce qui se passe autour de lui; et nous pouvons voir aussi comment les idées que nous retrouverons plus tard dans ses ouvrages publiés sont en train de se former.

---

[1] Au moment de finir la préparation du manuscrit et l'annotation essentielle une autre édition de ce même manuscrit est annoncée, préparée par Gérard Pouchain pour les Presses universitaires de Rouen et du Havre. Il est curieux que deux éditions d'un manuscrit peu étudié aient vu le jour au même moment. Evidemment, nous n'avons pas pu tenir compte de cette édition.

Ce texte se trouve en forme manuscrite à la BnF (BnF n.a.fr 16789) dans un volume relié avec, page par page, une transcription faite par un copiste, très probablement au 19e siècle. La copie est d'une grande utilité car l'écriture de Bernardin est parfois très difficile à déchiffrer. Cependant, le copiste laisse beaucoup de blancs lorsque la lecture devient impossible à déchiffrer avec certitude, et quelquefois il fait, nous semble-t-il, des erreurs de transcription. Un autre lecteur, d'une écriture ancienne, a essayé de compléter le texte en ajoutant des suggestions au crayon — mais il reste tout de même des passages très difficiles et notre lecture est par conséquent parfois conjecturale. Nous avons l'impression que le manuscrit de Bernardin a fait le voyage avec lui et qu'il l'écrit plus ou moins au jour le jour, lors du voyage. Il est parfois abîmé, avec des taches d'humidité, des ratures, des passages rédigés au crayon. Cependant, nous pensons que ce texte est important: il est sans aucun doute authentique et présente donc une description de la Normandie telle que l'auteur la rencontre; la description mène à des réflexions sur la campagne, len travaux ruraux et l'industrie des villes, sur la misère, sur la religion: nous voyons une philosophie de l'auteur en train de se former. Une partie du manuscrit a été reprise par Charles-Philippe de Chennevières-Pointel, dans un texte publié sur le monastère de la Trappe en 1868. L'exemplaire de la BnF manque mais il en existe un à la Bibliothèque de l'Arsenal (8 ° H-28138 (20). Une édition plus récente du même épisode, par Nicolas Perot parue dans *Vie de Rancé* (Livre de Poche 16110, 2003), pp. 283–96, n'est pas une transcription du manuscrit actuel. Perot note que celui qu'il transcrit est répertorié par Souriau dans *Bernardin de Saint-Pierre d'après ses manuscrits* (Paris, 1905), pp. 173–79. Le manuscrit sur lequel ont travaillé Souriau et ensuite Perot est un texte différent et que Bernardin avait sans doute revu, peut-être pour une publication éventuelle dans les *Harmonies de la nature*. Il se trouve à la Bibliothèque Municipale du Havre, LXXIII, 71–72. Ce texte est barré horizontalement, peut-être parce qu'il devait être publié. Une édition partielle du manuscrit, préparée par Benoît Noël, sur la partie concernant le pays d'Auge, a paru en 2014 (Collection Cahiers d'Auge, 5, Éditions BVR, Lieu Doré, Sainte-Marguerite-des-Loges).

La pagination du manuscrit de Bernardin n'est pas consécutive, ce qui nous laisse penser qu'il peut y avoir des lacunes, des pertes. Ce qui est certain, c'est que ce manuscrit est passé entre les mains d'Aimé-Martin, car on trouve de temps en temps une note, un renvoi, très probablement de sa main, qui explique que le texte a été repris dans les *Études de la nature*. Cela est vrai car on trouve de temps en temps un texte identique dans la publication des *Études*. Ce texte représente donc une sorte de laboratoire dont Bernardin se sert dans sa publication ultérieure — nous pouvons donc suivre une évolution de la pensée de l'écrivain, un aperçu sur sa manière de travailler et de composer. Nous voyons aussi des échos du roman, *Paul et Virginie* qui paraît pour la première fois dans le quatrième volume de la troisième édition des *Études de la nature* de 1788.

Nous estimons que le texte est important pour plusieurs raisons: les descriptions des lieux et des conditions de vie des Normands; les réflexions sur la nature et sur la vie que l'on va retrouver de façon plus évidente dans les *Études de la nature*. Nous avons dans ce texte un portrait de l'auteur, parcourant le paysage de sa jeunesse, avec l'expérience d'un homme qui a voyagé. Il y a une certaine nostalgie, bien sûr, mais il y a surtout une vision des maux de la France et de sa campagne dans les dernières années de l'ancien régime. Bernardin décrit et il réfléchit: deux raisons qui expliquent l'importance du journal.

Le texte que nous reproduisons est une version corrigée et modernisée. Cette modernisation orthographique a été opérée sans toutefois effacer totalement les particularismes orthographiques d'un texte préparatoire. Lorsque notre lecture est incertaine nous le notons ainsi: [?]. Certains mots sont illisibles et nous les notons ainsi: [illisibles]. Nous retrouvons des mots qui ne semblent plus exister et de temps en temps des mots du patois normand. Le nom de certaines plantes et de certains poissons ne se trouvent pas dans les dictionnaires. Nous les transcrivons ainsi que nous les lisons, mais des erreurs sont possibles. Nous essayons d'être fidèle au manuscrit de Bernardin, même si, parfois, l'expression étonne et peut sembler fausse, et même quand l'ordre des feuilles peut surprendre, bien qu'elles soient numérotées. Le travail du copiste du 19e siècle est sans doute d'une grande utilité mais il fait souvent des erreurs de lecture. Nous donnons les références de pages du manuscrit du copiste qui, normalement, suit le manuscrit de Bernardin. Nous notons lorsque ce n'est pas le cas, pour que le lecteur intéressé puisse se référer au manuscrit original, dont une copie a été numérisée.

Je remercie mon épouse, Odile Jaffré-Cook, qui a fait une première transcription et annotation de ce manuscrit, un travail d'érudition et de grande patience. Je remercie aussi Jean-Michel Racault et Gabriel Thibault qui ont bien voulu lire le texte et proposer certaines corrections.

Voyage en Normandie
1775

Page 1

Voyage de Normandie[2]

Résolution de voyage pour conserver quelque chose de naturel.

Je partis de Paris le 1er mars 1775. Avant mon départ, j'avais vu plusieurs marronniers des Tuileries avec des feuilles, des amandiers en fleurs, d'autres avaient leurs boulons[3] eclatés comme noix cassées. Les ormes des boulevards chargés de fleurs, de leurs houppes brunes. Je vins à Neuilly dont le pont simple est noble tout de niveau formé de cinq arches.[4] Pierre d'un excellent gros grain de Normandie. Il serait à souhaiter que tous nos édifices publics bâtis d'une pierre molle qui se pourrit en moins de deux siècles en fussent construits.

Le ciel était d'été. Le jour était superbe mais toute la campagne avait encore l'aspect triste de l'hiver: vignobles de couleur grise et sombre. Ce qui est utile ne rit pas d'abord. J'avais formé le projet de faire tout ce qui me serait agréable pour me distraire du tumulte de Paris, des haines de société, des partis de la calomnie publique, enfin de tout ce qui déprave l'âme. On fait des retraites mais on devrait voyager. L'aspect de la nature réconcilie l'homme avec elle et lui-même. Il ne voit que gens en guerre dans les villes.[5]

De Neuilly, fameux pour son ratafia,[6] je fus à Nanterre, autre village formé de pâtissiers et aubergistes. Je remarquai Pantin pour ses pâtés, le Gros-Caillou pour

---

[2] Le copiste donne le titre 'Voyage en Normandie' mais Bernardin donne 'voyage de normandie'.
[3] Nous lisons bien 'boulons' mais pensons qu'il s'agit plutôt de 'boutons'.
[4] C'est un pont de cinq arches de pierre en anse de panier de 219 mètres de long, conçu par l'ingénieur Jean-Rodolphe Perronet, fondateur de l'École des ponts et chaussées. Il est construit dans le prolongement de l'avenue de Neuilly (l'axe historique) et est inauguré le 26 septembre 1772 en présence du roi Louis XV qui le traverse. Les finitions durent jusqu'en 1780, année où le pont de bois qu'il remplace est détruit.
[5] Bernardin fréquentait à cette époque le salon de Mademoiselle de Lespinasse et il cherchait un emploi, avec le soutien de d'Alembert et de Turgot. Pour plus de détails voir Irène Passeron, 'Liberté, Vérité, Pauvreté: Bernardin de Saint-Pierre chez d'Alembert et Mlle de Lespinasse' dans *Autour de Bernardin de Saint-Pierre*, textes recueillis par Catriona Seth et Éric Wauters (Publications des Universités de Rouen et du Havre, 2010), pp. 31–51.
[6] Voir le *Dictionnaire géographique* de l'abbé d'Expilly: '[…] ce village […] est fort connu par […] par le bon ratafia qui s'y fabrique.'

ses matelotes,[7] les environs de Rome avaient quelque chose de plus noble. Ici citer les noms des environs de Rome, les fontaines, villages de Vénus[?].[8]

La campagne était brune et grise partout, au bas de S^t. Germain une saussaie en fleurs et verdâtre.

J'arrivai à Chateau[9] après avoir passé un pont. De Chateau à S^t. Germain après en avoir monté l'âpre et rude colline. J'avais promis à mes amis de coucher à S^t. Germain mais cette ville me parut trop ville et je résolus, le temps étant si beau, de pousser à une lieue plus loin jusqu'à Poissy.[10] Je fus arrêté par la crainte de manquer à la parole que je m'étais donnée, ou de porter atteinte à ma liberté. Toute réflexion faite, ce voyage étant fait pour mon plaisir, je crus me devoir ce sacrifice à ma constance. D'ailleurs ma parole n'étant donnée qu'à moi, elle devenait nulle dès que je me la remettais de bon cœur.

Page 2

D'ailleurs croyant absolument à la prédestination, je crus qu'il fallait obéir à ces impulsions sourdes appelées instinct que nous suivons dans nos appétits, goût, passion et encore en choses de raison.

Traversant le taillis de S^t. Germain avant de monter la hauteur, je vis beaucoup de bouleaux dont le tronc couleur blanc de plâtre était tigré de mousse jaune. Pourquoi était-il ainsi tigré, pourquoi la mousse? Cet effet était fort agréable, et je me promis que quand j'habillerais ma femme de lui donner une robe blanche tigrée de chenilles[11] oranges.

Arrivée dans la forêt de S^t. Germain, la nuit, majesté des arbres, des grandes percées, agrément des clairières, des flaques d'eau.

Descente à Poissy, je demandai à un homme la meilleure auberge. Descendu auprès du pont à St Nicolas. On me servit vieux vin, goujons frais et des œufs. La servante me conta qu'elle avait poursuivi à cheval la nuit dernière, à 6 lieues de là, un voleur qui avait emporté un manteau et l'avait arrêté dans la Galiote[12] et

---

[7] Le *Dictionnaire de l'Académie Française* de 1798 (*D*), donne, 'Mets composé de plusieurs sortes de poissons, apprêtés à la manière dont on prétend que les Matelots les accommodent'.
[8] On peut supposer que cette phrase est une espèce de note que Bernardin écrit pour lui-même, avec l'idée de revenir plus tard au texte et d'introduire des exemples.
[9] Nous pensons qu'il veut dire Chatou.
[10] Le sous-titre du texte 'Résolution de voyage pour conserver quelque chose de naturel', suggère que Bernardin quitte le tumulte et les ennuis de Paris pour chercher le calme de sa province natale.
[11] Sorte de passementerie veloutée en soie (*Littré*).
[12] Long bateau couvert dont on se sert pour voyager sur des rivières. Ex: *La galiote de Saint-Cloud*. [*Dictionnaire* (1835)]. La monographie de Paul Aubert sur Rolleboise consacre deux pages sur la Galiote de Rolleboise: 'Elle faisait le service de Rolleboise à Poissy, tirée par un cheval le long de la Seine.' [Archives départementales des Yvelines]

rapporté. Elle avait fait douze lieues dans la nuit. Cela me rendit vraisemblable l'histoire des amazones car après la réputation de Paris, je commence à ne plus croire à l'histoire.[13] Elle me recommanda d'aller coucher à Bonière,[14] le pays où elle était née, au Cheval blanc où je serais fort bien. Je lui dis que sur l'estime qu'elle m'inspirait je ne manquerais pas d'y aller. Elle m'offrit avant de s'en aller de chauffer mon lit.

C'était déjà une chose agréable de ne plus entendre le bruit affreux de Paris et ces questions: qu'y a-t-il de nouveau? Je me promis bien en voyageant de faire ces questions à la nature qui chaque jour dans cette saison nous fait un présent nouveau.

Mais pour varier ma manière d'aller, je résolus de prendre la galiote qui part sur les 6 heures du matin.

Note: Je rencontrai dans la forêt, pendant la nuit, garçon qui faisait l'amour avec fille de Poissy. Lui disait que quand il allait de St Germain à Poissy, il croyait qu'il n'arriverait jamais. La fille disait laissez-nous, laissez-nous. Je n'en tiens qu'une disait-il. Je les laissai tous deux. Je fis cinq lieues dans l'après-midi.

Page 3

Du jeudi 2 mars 1775

Elle s'appelait Marie Grosmenil.[15] Me recommanda d'aller à Bonière, son pays et de loger au Cheval blanc. La fille, m'ayant pris en amitié, me conseilla le matin d'aller à une lieue de là à Triel prendre la galiote plutôt que de la prendre à Poissy, ce qui m'épargnerait 15 sols, moitié du prix de la galiote jusqu'à Roboise[16] à neuf lieues de là, qui appartient aux dames de Poissy. Elle ajouta que si je voyageais ainsi lentement, car j'avais refusé de prendre le batelet, je dépenserai beaucoup d'argent. Je lui dis que je voulais prendre de l'exercice, ce qui ne me fut pas possible de lui faire comprendre, elle qui était encore brisée de sa course à cheval. Si j'avais été roi j'aurais royalement récompensé pour son soin[?].

Je lui demandai s'il n'y avait rien de curieux à Poissy, elle me dit que non. Certes elle était elle-même un objet de curiosité pour sa franchise, son courage, sa gentillesse, puisque de quatre cent mille femmes de Paris, peu eussent été capables d'une pareille action.

J'arrivai de Poissy à Triel par une avenue d'une lieue de longueur. Le ciel se brouillait, le temps encore assez beau, la campagne toujours obscure. En arrivant

---

[13] Allusion peu claire; dans la mythologie grecque les Amazones étaient une peuplade de femmes guerrières établie dans la région bordant la mer Noire (*Larousse*).
[14] Nous lisons bien 'Bonière', mais il s'agit de Bonnières-sur-Seine, près de Rolleboise.
[15] Nous pensons qu'il s'agit de la servante de la page précédente.
[16] Nous lisons Roboise, mais il s'agit de Rolleboise.

à Triel vu des amandiers en fleurs et feuilles, abricotiers à demi fleuris. Nouveauté agréable, alouettes avec leurs moriers[?] pointus sur les chemins.

Les bords de la Seine assez agréables. Les coteaux opposés se mettent en croupe aplatie et large tandis que ceux des environs de Paris sont rompus et brisés et déchirés par cette grande ville qui dévore ses environs. On voit vis-à-vis Vernouillé[17] et sur la droite Verneuil avec un château.

Note: sortant de Poissy, il y a une grande et vaste prairie. Je dis à un paysan: 'Voilà une grande prairie.' 'C'est de la bourgogne',[18] me dit-il.
Note: la colline de plâtre continue à Triel où il y a des platrières. Ils estiment mieux celui de Chanteloup.[19] Le plâtre s'y vend douze francs le muid contenant douze septiers. On donne 40 ˢ. pour le cuire et le battre.

Page 4

Dans l'après-midi le temps se brouilla, l'air devint froid et il tomba de la pluie. Etant à la pointe de l'île Belle, nous rencontrâmes un bateau chargé de vins conduit par deux hommes, les chevaux le traînaient. Dans les passées ou traverses qu'on fait fréquemment d'un bord à l'autre, un des plus jeunes qui gabarait,[20] tomba à la rivière, à une portée de fusil derrière nous. Le patron de la galiote se jeta dans la chaloupe. La galiote s'arrêta. Le tout en vain. Nous ne vîmes que le chapeau flottant sur l'eau, et le malheureux compagnon du noyé, jeune homme de 20 ans, qui criait: 'Mon ami, mon ami', levant les bras au ciel. Ce spectacle m'attrista. Nous arrêtâmes à Mantes près du pont où, en entrant dans une petite écurie, je vis un spectacle différent mais non moins triste. Une jument mourante, des pleurs coulaient de ses yeux et deux maréchaux plus noirs que des charbonniers, à la lueur d'une lampe, lui entonnaient dans la bouche une corne où l'on avait mis du vin chaud. Cette journée fut triste par les évènements. Le temps pluvieux et froid et le paysage des collines rousses couvertes de vignobles sans feuilles. La nuit vint et, me trouvant près d'un paysan, j'aime ces hommes, il se lia de conversation avec moi, parla. s'il était vrai qu'on détruisait les corvées et que la dépense des chemins fut portée sur les vingtièmes.[21] Je lui dis que des riches

---

[17] Nous lisons Vernouillé mais il s'agit de Vernouillet.
[18] 'Nom vulgaire de sainfoin' (*Littré*).
[19] Chanteloup-les-Vignes. L'ensemble des communes de Treil-sur-Seine, Vaux-sur-Seine, Chanteloup-les-Vignes avaient leur économie basée sur le plâtre.
[20] Gabarer: faire marcher une barque à l'aide d'un aviron placé à l'arrière. [*Littré*]
[21] Corvée royale: impôt tardif de l'Ancien Régime sous la forme de travail non-rémunéré pour l'entretien des chemins. Vingtième: ancien impôt établi sur les biens-fonds et qui étaient la vingtième partie de leur revenu. En février 1776, Turgot tenta de supprimer la corvée pour la remplacer par une taxe supplémentaire pour tous ceux qui payaient le vingtième ce qui provoqua son renvoi et la corvée royale fut rétablie en août 1776. Elle fut abolie en août 1789.

s'y opposaient, que le bien était difficile à faire. Il me parla de la manière de vivre. Il était de Freneuse, entre Roboise et Bonière. Mangeant souvent du pain de seigle et d'orge. Leur alliage passable. Pain d'orge pâte courte, pain de seigle pâte longue. Me dit que les monopoles du blé avaient mis la famine plusieurs fois. Le pain valait alors chez lui trois sols la livre. Me dit que si Mr Turgot[22] faisait le bien il mériterait qu'on priât dieu pour lui. Me dit que les pommes de terre affamaient les vignobles et au bout de trois ou quatre ans rendaient une terre si maigre qu'on n'en pouvait plus rien tirer.[23] Il s'appelait Pierre Revel, avait été fermier de Mr Durville dont tous les revenus avaient doublé dans cette partie.

Page 5

Je lui dis que l'édit des corvées n'avait pas passé parce qu'on voulait des éclaircissements des intendants. Les gens riches les gagnaient dit-il. Il y avait plus à profiter dans sa conversation que dans une bibliothèque d'économie. Les princes devraient visiter les galiotes. Ils ignoraient [?] leur peuple, en réalité, apprendraient une infinité d'abus dont ils n'ont pas d'idée. Il y avait des recrues, toute sorte d'états, des gens qui parlèrent de la milice qui effrayait la campagne, des abus d'un intendant qui avait donné le congé d'un domestique tombé d'un luma[?] qui lui donnait à souper. Cet homme avait eu la bourse de six cents livres cotisation. Enfin il y avait un prieur ou chanoine qui, à la mort du malheureux qui se noyait sous notre poupe, ne témoigna la moindre sensibilité.

En général, les galiotes devraient, avec celles des Hollandais, avoir une partie propre réservée aux honnêtes gens mais les princes en profiteraient, car là, le peuple sur l'eau se croit dans un autre royaume et parle librement. Le vigneron Pierre Revel avec son compagnon me dit que si je voulais il m'accompagnerait

---

[22] Anne-Robert-Jacques Turgot, baron de l'Aulne (1727–1781), nommé contôleur général des finances en août 1774, disciple de Quesnay et de Gournay, auteur des *Lettres sur la liberté du commerce des grains* (1770). Devenu ministre, Turgot abolit toute réglementation. Le succès de la mesure fut mitigé, mais l'opinion était généralement hostile au dirigisme. En 1774, une récolte médiocre causa le renchérissement des blés à Caen et à Paris. Les autorités redoutèrent que l'inquiétude des esprits n'aboutît à des désordres. Les marchands de Nevers accaparent les grains et font monter les prix, les difficultés de ravitaillement s'annoncent en Champagne, l'agitation règne en Brie. (*Encyclopaedia Universalis*).

[23] 'La culture de la pomme de terre est introduite en région parisienne au milieu du XVIIIe siècle pour nourrir les vaches. Les vignerons et certains cultivateurs la cultivent donc uniquement dans ce but. Au moment de la Révolution française, alors qu'il n'y a plus rien à manger, les vignerons de Montreuil et de Noisy-le-Sec apportent quelques sacs de « cette nourriture de vache » à Paris qui s'arrachent à prix d'or ou d'assignats. Quelques jours plus tard, c'est par centaines de sacs, puis par milliers, que ces pommes de terre sauvent les parisiens de la famine.' [Jean-Michel Roy, responsable de l'Unité patrimoine et Arts visuels de La Courneuve. www.tourisme93.com].

de Roboise à Bonière trois quarts de lieue. Il était nuit très obscure et sept heures du soir. Je le remerciai. Il me conta qu'il y avait cinq semaines, un homme marchant sur la route d'Evreux s'était accosté d'un quidam. Celui-ci l'attaqua et l'assassina de quinze coups de hache. Mais des gens étaient venus à passer, il s'enfuit n'ayant pas eu le temps de le voler. Il eut ensuite la hardiesse d'aller annoncer à la femme la mort de son mari, lui disait qu'il avait été volé avec lui. Elle lui donna des souliers et un écu. Ce fait fut confirmé. Je lui dis voyant des recrues d'une mauvaise compagnie que j'étais toujours bien armé. Je n'avais cependant que mon couteau. Mais je fis comme Ulysse ne voulant pas mentir comme lui. J'acceptai sa société et celle de son compagnon. Mais comme les histoires funèbres font bonne impression, je me repentis de n'être pas suffisamment. Chemin faisant, à moitié ils prirent sur la gauche et me quittèrent. Résolu de marcher seul. Tout d'un coup la recrue qui nous suivait se trouva sur mes talons. Je le laissai sur ma droite de peur de surprise et fâché de marcher si

Page 6

mal armé. Nous entrâmes dans Bonière eux parlant de nous mettre en route tous ensemble par les batelets, mais sans leur répondre, j'entrai au Cheval blanc à huit heures de nuit. Traversé une plaine sablonneuse où l'on ne distinguait que les ombres d'un bois sur la gauche. Bon gîte, citer la recommandation. *[Fin de la page du manuscrit de BSP]*

Notes   Jardin de Triel

Le plâtrier avait une terrasse, la terre dedans, les arbres en dehors. À travers les murs sortaient des abricotiers en fleurs. Je parie que la nature qui a suivi la voie la plus courte au lieu de disposer les plantes en plans horizontaux, si les eut placés en verticaux en eut mis une infinité sur la terre. Mais leur largeur, soleil nécessaire devait être égale à leur hauteur. Il s'ensuivrait qu'il faudrait la même distance où rien ne pourrait croître mais on pourrait former ainsi des obélisques, revêtir les murs, des roches d'arbres variés en fleurs et fruits.

Hôtellerie du Cheval blanc

Après souper, je passai dans la cuisine. La jeune hôtesse se leva, m'offrit sa chaise. 'Vous sentez', lui dis-je, 'une bonne odeur'. 'C'est de la violette de notre jardin'. Elle en tira un gros bouquet de son sein à moitié fané comme s'il eût été au soleil et me dit: 'si j'osais vous le faire sentir, il embaumait.' Je le lui rendis et elle le jeta à un homme dans le coin de la cheminée à qui ce geste avait fait faire la mine. 'Tiens mon ami, vois comme la violette des bois sent bien meilleur. C'est celle du jardin.' Cet homme était son mari, car là, comme à Paris, les maris sont derrière les femmes.

Songe

J'eus un songe la nuit. Je rêvai que le duc de … à la table et sur les terres duquel j'étais. Emu tout à coup de ma position m'embrassa tendrement en me disant, les larmes aux yeux: 'vous m'avez aimé singulièrement, vous serez à jamais mon ami, mon cher ami.' Quelqu'en garde que je sois contre l'amitié, je me laisse aller à ce doux plaisir d'imaginer que j'avais trouvé un vrai ami, homme estimable, un ami puissant et je me réveillai plein de joie. Il me fut impossible de me rendormir. Il était quatre heures à ma montre. Il fallut acheter mes quelques heures de pertes de bien réel, même l'illusion de l'amitié d'un grand seigneur. Je pensais comment je ferais pour me garantir de celles qui pouvaient me tromper. Les fuir sans réserve. Je pensai qu'un honnête homme dirigeant vers le bien, devrait trouver des amitiés inébranlables car alors il est lié par la vertu.

Page 7

À Paris, on fait semblant de s'embrasser, les bienséances, les passions, l'ambition tiennent les gens écartés, aux champs les âmes se touchent.

Du vendredi 3

Par le plus beau temps du monde, la servante vint m'avertir à 7 heures du matin qu'un batelier m'attendait. Ce batelier n'avait personne et m'offrit de me faire faire six lieues à bon marché pour trente sols. Il s'arrangea avec moi. Parti à huit heures.

Paysage offre sur la gauche une longue et raide côte couverte de bois taillis, sur la droite, des appentis de plaine. Nous descendîmes à travers les îles couvertes de saules, d'autres de prairies. Les murmures de l'eau et les palissades à travers les gaudes[24] ou pêcheries où l'on prend les anguilles. On voyait sur la droite, côteaux plus éloignés.

Le cours de la rivière fait une demi-lieue par heure. Il est très vraisemblable que ces deux rangs de collines escarpées sont les anciens bords de la rivière. Soit que ce fleuve aille toujours en creusant son lit, soit que ayant autrefois plus d'eau, il ait occupé plus de terrain. La colline de droite est à un quart demi-quart[25] de lieue. Celle de la gauche, la rivière coule au pied. On y remarque des rochers escarpés et alluviens. Les couches sont horizontales.

A Porvillé,[26] sur la gauche, carrière à plâtre où la colline est interrompue. Au ruisseau de Porvillé la Normandie commence.

---

[24] Bouillie de maïs utilisée par les pêcheurs pour appâter les poissons.
[25] Ainsi dans le texte.
[26] Nous lisons bien Porvillé mais il s'agit de Port-Villez.

Nous passons sous une des arches, allant droit sur un moulin à l'eau. Nous étions sur le point d'y toucher lorsque le fil nous fit passer sous l'arche voisine.

Page 8

Beaucoup de petites îles au-dessous et au-dessus de Vernon. Vu dans les îles, sous les villes, des aunes[27] tous chargés de grosses touffes jaunes de gui.

La rivière coule au pied des collines [mot illisible] de la droite couvertes de grosses croûtes de pierre noire et blanche. Froid piquant, au ciel gros nuages semés d'éclairs. Reste du tableau d'hiver: corneilles et pies en deuil, corbeaux, mâchoires de cheval sur la montagne, triste vue. Château au-dessus.

Arrivée au Roule[28] en 4 heures. Il y a 6 lieues.

J'appris au Roule que la recrue de la veille qui avait passé pendant la nuit avait volé un lapin. Dîné de six œufs. Parti du Roule à une heure après-midi conduit par le postillon qui me mena au port Saint-Ouen[29] par un chemin particulier. Le long de la rivière remarque que cet homme ainsi que le batelier, à plus de cent questions que je leur fis, répondait 'Oui Monsieur' oui', 'Non Monsieur non', sans qu'ils y aient manqué une seule fois de répéter leur affirmation. On accuse à tort les Normands de ne dire ni oui ni non. Nous avons pris au bout d'une lieue, le long de la rivière. Côtes nues et marneuses, triste aspect, herbes à touffes verdoyantes, fleurs sphériques, feuilles palmées d'une très mauvaise odeur. Beaucoup de plantes poliné[?] puantes, le chanvre, la pivoine. Vu un château bâti au pied de la côte. Du chemin, on est au niveau du toit. Forêt du Pont-de-l'Arche. Belles violettes de toute part. Hêtres avec leurs vieilles feuilles inférieures, extrémités boutons allongés prêts d'éclore.

Réflexion

Joie à la vue des meubles de mon enfance, forme de berceau les mêmes que celles où j'avais été élevé; poêlon de cuivre jaune où l'on fait bouillir le lait; panier rien n'avait changé que les gens que j'avais connus. Vieillis, affaiblis, les meubles avaient resté. Meubles de la nature ne changent point. Soleil, alcoves[?], mer mangeant les côtes.

---

[27] aulnes
[28] Aujourd'hui Villers-sur-le-Roule.
[29] Aujourd'hui Les Authieux-sur-le-Port-Saint-Ouen.

Page 9

Arrivé au port de St Ouen. Vue d'une jolie fille, jambe fine, faite comme une des grâces des Célestins.[30] Arrivée à pied. St Adrien, église bâtie dans la montagne gauche, jolies îles de la rivière où l'on pourrait communiquer avec des ponts à la chinoise. Grottes charmantes qu'on pourrait faire dans la montagne marneuse, mélée de cailloux, coupée à pic et blanche qui s'étend jusqu'au Hâvre, Dieppe et même en Angleterre, dite pour cela Albion.

Descente chez M. G. , vent dans l'estomac, indisposition, frissons, diète, frissons terribles. Je me croyais couché dans un morceau de neige. Sudorique[31] simple qui me guérit: thé avec un peu d'eau de vie.

Samedi et dimanche 4 et 5. Temps toujours pluvieux. Heureusement je suis arrivé et me porte mieux. Le mauvais temps a duré tout le temps de mon séjour à Rouen jusqu'au 9. Un vieux habitant m'assura qu'on comptait plus de deux cent mille âmes. Nos vaisseaux y viendraient sans le banc de Quillebœuf et plus haut, n'y pourrait-on pas faire un canal.

Départ le 9 mars à onze heures du matin. Je grimpe avec peine le Mont-aux-malades[32] du haut duquel on voit des îles charmantes. Au-dessus et au-dessous de Rouen, qui se trouve au coude, gros coteaux, sommets de bois, puis sur la droite, vallon plein de fabriques, rivière sinueuse, oiseaux chantant, haies verdoyantes. Filles très jolies rencontrées. L'une des deux à qui je dis s'il y en avait beaucoup comme elles, me répondit: 'nous n'en sommes que le fretin'. Filles de peau fraîche, jolies, colorées, figures naïves et charmantes. Le plus beau sexe que j'ai vu. Saules à longs boutons de satin gris argenté en partie semés d'aigrette jaune doré. Noisetiers avec leurs chenilles pendantes. Ciel très couvert de nuages redoublés. Grand vent arrive. Eclaircie. Pommier ou poirier très boutonné. Arbres fruitiers, leur sommet semblable à un buisson. Vue encore triste. Corneilles et corbeaux en deuil. Vent qui gronde dans les futaies. Plaine vaste et inégale. Bouquet de bois [mot illisible]. Feuilles jaunes aux charmilles de chêne. Villages, croupes vertes semblables aux toisons de mouton.

Page 10

Filles du pays de Caux propres à donner une idée du bonheur champêtre. Peuple poli. Très jolie fille en corset d'écarlate, grande, naïve, jolie, dont le jupon ne descendait pas tout à fait au genou. Elle me répond qu'elle a bien environ 13

---

[30] Bernardin fait allusion au monument des Trois grâces soutenant l'urne du cœur d'Henri II par Germain Pilon (aujourd'hui au Louvre) qui se trouvait dans l'église du couvent des Célestins à Paris.
[31] Sudorifique: qui provoque la sueur. [D.]
[32] Aujourd'hui Mont-Saint-Aignan. Une léproserie y fut fondée au 12e s.

ans. Montée sur un petit tertre me conseille de prendre par un sentier de la hauteur. *[Fin de la page du manuscrit de BSP]*

Passé un beau bois de chêne sortant de Malaunai[33] et grimpait la montagne passé la rivière. Arbres placés au-delà du fossé devraient être en deçà pour donner ombre au voyageur et l'ôter aux terres. Terre coulant dans le fossé sans se réduire en vase, couverte d'eau. On y marche ferme, bonté de la terre. Orage menace tout le jour et ne tombe pas.

Parti à onze heures de Rouen, arrivé à quatre heures et demie à Tote.[34] Je fis six lieues en cinq heures et demie sans forcer mon pas ni m'arrêter.

Bonheur de ceux qui peuvent faire du bien aux malheureux qu'ils rencontrent.

En arrivant chez l'hôte je me trouvai dans un moment de faiblesse. Je n'avais pris le matin que du thé au lait et avais fait six lieues. Je pris du pain et du vin et sentis mes forces renaître sur le champ.

Mes pieds très mouillés. Bon feu. Point de marée fraîche à souper. Château de Normandie bâti de briques, disposition plus agréable. Rouge ou sombre et forme de la brique, pierre blanche ou mélangée. Ordre d'architecture agréable à donner, égayant les yeux et disposant favorablement pour les habitants. Influence du point de vue sur l'imagination, nature varie les siens. L'homme doit choisir les plus agréables. Maison de terre nue préférée à de mauvais meubles.

Pluie venue à deux lieues de Tote. Allai trouver femme qui me dit qu'il n'y a rien à craindre. Pluie passe, reprend à mon arrivée à Tote.

Page 11

J'ai pris en amitié des gens que je n'avais jamais vus sur des logements agréables qu'ils occupaient. Je ne passe point aux tuileries que je n'en sois réjoui.

Exercice à pied bien plus apéritif que celui du cheval. Gens riches devraient voyager ainsi suivis d'un ou plusieurs domestiques. Tempérament se fortifie. Secousses du cheval, n'agissant que sur le buste, trop vives et par saccades, ôtent souvent l'appétit. Infinités de connaissances. Plaisirs de bien faire avec peu de choses. Chasseur, appétit du chasseur qui va à pied. La plupart des maladies arrivent faute de transpiration. Le cheval sue et le cavalier est de sang froid. D'ailleurs la pression des parties inférieures du corps sur la selle empêche le sang de circuler librement de plus.

Variété des paysages. Plaisir d'être bien reçu. Payant bien, étant estimé, mal aisé, tandis qu'on mécontente, étant cru riche. Liberté de conversation avec laboureur qui était d'égalité apparente. Si vous craignez, vous pouvez avoir deux ou trois vigoureux serviteurs qui vous suivent de près. Caton voyageait ainsi. Un

---

[33] Aujourd'hui Malaunay, petite ville située dans l'arrondissement de Rouen, traversée par le Cailly.
[34] Aujourd'hui Tôtes.

homme et une femme, armés chacun d'une fourche, me demandèrent en riant quelle heure il était. Ils paraissaient surpris de me voir une montre d'or.

Mauvais chemins dans les villages, mauvais air qui s'en exhale allant aboutir à des fumiers à droite et à gauche.

Page 12.

Toute la nuit j'ai bien dormi. J'ai sué. Mon pouls était d'une agitation extrême. Il a fait beaucoup de vent et de pluie. Les vitres garnies en plomb ont été violemment secouées. Le matin soleil. Ciel bien découvert.

Parti à neuf heures du matin après avoir mangé un morceau et bu un verre de vin.

On compte six lieues de Tote à Dieppe.

Je n'ai jamais vu d'homme parfaitement bon, mais je voudrais voir un dans nos sociétés où il est besoin à la plupart des hommes de se faire craindre, il vivrait donc en solitude.

À deux lieues de Tote, je vis deux petits enfants. L'une en corset rouge, l'autre affublée d'un morceau de tablier. L'aînée n'avait pas cinq ans marchant dans les terres labourées. Je leur fis signe du chemin pour leur donner quelque chose. Elles accoururent. Elles étaient fort jolies. L'aînée qui n'avait pas cinq ans pleurait. L'autre triste. « Ma sœur ne peut marcher », me dit-elle en essuyant ses larmes avec un coin de torchon tendu qui lui servait de jupe. En faisant ce mouvement, elle découvre ses fesses. Elle était sans chemise. Le vent froid. Ta mère est bien pauvre. « Ah ! je n'avons brin de pain cheux nous. » Ah ! qu'il serait doux de dépenser ainsi cent mille livres de rente. Je ne me lassais de m'étonner de voir des enfants si pauvres marcher sur une terre si riche.

Page 13

Depuis Malaunai à deux lieues de Rouen jusqu'à la rivière de Sere[35] d'où l'on découvre les gros côteaux dans dix lieues de terrain. Ce n'est qu'une plaine ondoyante de la meilleure terre qui soit au monde. Epaisseur prodigieuse de la terre végétale. Pente douce. Point de ruisseaux, la terre sans pente s'abreuvant des pluies sans laisser écouler ses rues aux rivières. Arbres, hommes, chevaux, bestiaux robustes. Sexe très beau. Au loin on voit futaie formant le tour de métairies et village si hauts qu'à peine les clochers en passent le sommet. Leurs angles rentrant et saillant avec leurs grands fossés offriraient des sabres[?] de défense très formidables.

---

[35] Nous lisons 'Sere' mais il s'agit de la Scie.

Ciel très orageux. Grand vent. La pluie me prend au bas de la vallée d'Arques à Sogueville.[36] J'entrai dans un méchant cabaret où il n'y avait rien à manger ni lait. Ils vendent les vaches l'hiver et les rachètent l'été. Soupe aux navets faite depuis trois jours. Bon appétit. Verre d'eau-de-vie. Pieds humides. Âne qui vient se mettre à l'abri. Bonté de l'hôte qui ne voulait rien, de l'hôtesse qui se déchausse et me donne ses sabots pleins de paille chaude. Route sur St Aubin. Bon pays, mauvais chemin. Croupe de montagnes marneuses. À la droite en partie inculte, moyen de les mettre en valeur.

Arrivée à Dieppe. Empressement de ma sœur,[37] de son amie. Pantoufles du médecin, homme très estimé. M^r… sort de son couvent, loge avec moi. Dieppe troublée par la milice. Fils d'un ancien maire de plus de douze mille livres de rente y tombe. Réflexion sur les miliciens.[38] Qu'il est injuste de mettre dans la même classe les domestiques et les maîtres. Si nous voulons imiter les Romains, pourquoi avons-nous avili l'état de soldat ?

Page 14

Et pourquoi faire tirer les domestiques. Si nous voulons imiter le gouvernement féodal pourquoi forcer les gens libres qui ne sont point serfs. Changement à faire. Nécessité dans notre siècle et constitution de faire de l'état de soldat un état civil puisqu'il n'y a presque plus rien de cet ancien esprit de chevalerie, de barbarie, ni du républicain du romain. Plusieurs villes se sont abonnées et entretiennent des hommes. Pourquoi Dieppe qui fournit à la marine, qui conserve tant d'hommes ne s'abonnerait-elle pas ? Nécessité de faire des règlements afin de ne pas éloigner du service de la patrie et de ne pas rendre les milices redoutables aux bourgeois qui font fleurir le commerce et la navigation. En cas de besoin d'hommes, on pourrait faire un corps militaire composé de bourgeois qui, formé de gens aisés, ne coûterait presque rien et dans[39] les détachements serviraient aux armées ayant leur règlement. Que si l'on veut, comme en Prusse, que tout serve, que tout ou rien soit donc ouvert à tous les grades et que celui de soldat soit un long et véritable apprentissage pour tous, ne sommes-nous pas tous sujets égaux du roi ? N'est-ce pas à nos rois que le peuple français doit être sorti de l'esclavage aristocratique? Pourquoi faut-il voir une portion de bourgeois entrer, par intrigues ou argent, officiers, tandis que les autres se trouvent exposés à être soldat. Ou bien lions et relevons l'état de soldat en laissant carrière ouverte à la capacité, à l'éducation, plutôt qu'à la finance qui

---

[36] Nous lisons Sogueville, mais il s'agit de Sauqueville.
[37] Catherine de Saint-Pierre, sœur de Bernardin.
[38] 'Soldat de la milice, c'est-à-dire homme tirant au sort dans chaque paroisse, pour former de nouveaux régiments, ou pour être incorporé dans les vieux' (*Littré*).
[39] Nous lisons bien 'dans' mais pensons que Bernardin veut dire 'dont'.

a tout corrompu. Mon but est de lier tous mes compatriotes à l'état et surtout au roi et d'éloigner la force de ceux qui voient dans les fêtes l'état de soldat bien vanté, qui au milieu de la paix se voient dans cet état honorable choisis par force

Page 15

et compagnons de ceux qui travaillaient pour eux ou de libertins, de mauvais sujets. Encore un coup, relevons l'état de soldat afin que le bon bourgeois ne se trouve avili en y tombant. Imitons la hiérarchie ecclésiastique qui a si bien réglé ses rangs que le moindre se croit très honorable même à l'égal des princes, et même un peu plus.

Encore un coup, mon but est que la classe où naissent les opinions et sentiments aime le roi comme centre de l'état et non qu'ils craignent son autorité.

Pour moi, j'ai vu en Prusse, le service si distingué qu'un officier m'a conté qu'étant sous-lieutenant et allant en service, les petits princes d'Allemagne leur envoyaient leurs équipages. Les emplois subalternes sont donnés à une multitude de soldats ce qui affident[40] pour le prince, tandis que chez nous, ils sont départis aux domestiques de quelque maison, de sorte qu'il y a un grand nombre devenu comme leur patrimoine en sorte qu'à les entendre gens nourris par le roi frondent tout ce qui se passe. Vous diriez qu'ils n'ont pas besoin du roi, mais qu'il n'y a que leur protecteur. Ces considérations me paraissent d'un grand poids, car le clergé fait un corps dont le but est détaché de ce monde. Le commerce a l'intérêt, l'agriculture son gain, mais le militaire seul a le roi en vue et n'en peut avoir d'autre. Ces emplois civils subalternes donnés aux soldats adouciraient l'homme trop guerrier, rendraient la bourgeoisie plus respectable et le militaire moins entreprenant comme je l'ai vu en Prusse où voyant une garnison vous croiriez voir un couvent de …

Voici comme il faudrait améliorer l'état de soldat ayant au bout de chaque terme, place lucrative, ou honorable, ou noble selon qu'il conviendrait ce qui serait très facile si les fermes sont mises au régime.

Grande maladie de la province. La vanité. *[Fin de la page du manuscrit de BSP]*

Page 16

Il faudrait détruire l'esprit de corps, surtout entre la terre et la marine qui souvent a fait échouer les projets les mieux conçus, mais tout ceci me mènerait trop loin.

---

[40] Ainsi dans le texte bien que le verbe ne semble pas exister. *Littré* donne pour 'affidé': 'En qui on a confiance; sur qui l'on compte.'

Il a plu toute la nuit. Fort heureux que de tant de nuages qui m'ont passé sur la tête, aucun ne m'ait incommodé. Vu des aunes chargés de leurs grains pendant en chenilles brunes.

Arrivée à Dieppe le 10 à quatre heures d'après-midi. Grand exercice met tout en mouvement, lève les obstructions. Barbe et ongles poussent plus vite.

Dans la vallée de St Aubin, un homme armé d'une pique couverte d'un étui m'aborda familièrement. Je lui demandai à quel usage il portait cette arme. Il me répondit en bas normand: « C'est pour les mauvaises bêtes. Elle n'est pas dangereuse car elle est toute rouillée ».

Poltois.[41] Beaux hommes forts, couverts d'une multitude d'habits. Pêcheurs superstitieux: ne mettent en mer ni le jour des morts, parce qu'ils croient prendre des morts dans leur filet, ni le jour St Michel, parce que le diable est en vue.

Pêche: des merlans, raies, maquereaux, harengs, lieus, saison.[42]

Femmes poltoises portent jupes écarlates, bleues, blanches, diminuant de grandeur afin qu'on les voie toutes.

Poltois, à qui il avait été donné un louis en avance, le met à sa poche. L'oublie, ne le retrouve plus, le redemande. Le négociant lui en donne un autre. Cet homme en retournant, surpris qu'on ait douté de sa probité, le retrouve, accourt, plein de joie: « Vous aviez raison, je l'ai retrouvé, je l'ai retrouvé. » Aussi joyeux de voir que sa probité et celle du négociant étaient sans soupçons.

Page 17

Braves gens de mer.

Moules petites, jaunes et malsaines donnent des ébullitions. Moules bonnes en été quand les huîtres ne valent plus rien. Huîtres au contraire.

Dimanche 12

Je fus à la messe aux Minimes.[43] Peuple très nombreux: matelot ayant un menton de plomb, femme bossue par le ventre, tête courbée, physionomie battue de vent. Dans cette église où le peuple paraît fort dévot, il n'y a d'autre image qu'une petite d'une vierge sur un bateau. On m'a dit la même chose de l'église du Polet.[44] Preuve que le peuple n'a pas besoin, comme on le croit, d'images sensibles. Cette église toute nue a l'air d'une église de réformés. Le peuple si méprisé a un bon

---

[41] Ici, sans doute, habitant du Pollet. Le Pollet est un quartier de Dieppe. C'est aussi un nom donné à certains bateaux de pêche dans la région de Dieppe. [*Traité général des eaux et forêts, chasses et pêches*, ed. M. Baudrillart, Paris, 1827]. Ici, ce sont plutôt des habitants.

[42] Nous lisons bien 'saison'. Le sens n'est pas clair: 'poisson de saison'?

[43] Église du couvent des Minimes, disparue aujourd'hui.

[44] Nous lisons 'polet' mais il s'agit de l'église du Pollet. Le Pollet est un quartier de Dieppe.

pere[?] plus sûr, plus net qui ramène à la longue tous les systèmes qui s'écartent de lui, c'est la terre végétale. Il faut en sortir et y rentrer. Je ne crois pas qu'un docteur de Sorbonne en sache plus sur la divinité qu'un matelot du Polet. À quoi se réduisent tous ces gros livres à dire que nous ne savons rien et que Dieu est incompréhensible.

Religion fait faire de grands biens. Ancien orfrève appelé Le Prevost demeurant dans ma maison donne son bien aux pauvres. Les servantes l'appellent mon père, femme qui le sert couche quelquefois avec lui.

Anglais viennent chercher à Dieppe, œufs, légumes.

Pluie a continué. Je n'ai pas sorti faute de souliers. Ma sœur me conte qu'elle a été, avec un de mes frères,[45] pour une rente à St Martin-des-Prés[46] près La Trappe, près L'Aigle. Curé sonnant la messe, n'ayant personne pour la répondre, fait signe à la porte en [mot illisible]. Fait sa cuisine, vit content. Vierge tenant une grande quenouille de lin. Fille qui se marie la file, en donne la toile à l'autel et en remet une autre. Parents obligés de faire leur fosse. Curé refuse d'enterrer parce qu'elle n'est pas assez profonde. Vit content. Perd le contrat de ma sœur, résolution d'aller le faire payer de son délit.

Page 18

Vu la dame qui m'a prêté sa maison. Remercié la supérieure de ses bontés pour ma sœur.

Il y avait dix ans que je n'avais été à Dieppe. Oncle trouvé très vieux. Petits cousins devenus grands et hommes ayant fait plusieurs voyages. Parentes jolies devenues laides. Les autres morts. Maisons et quartiers où demeuraient des familles ne sont plus. Familles tout entières disparues.

J'ai embrassé tout le monde. J'étais enrhumé. Tous m'ont beaucoup questionné. Il est possible que les seules questions et agitations bourgeoises et domestiques viennent à répandre l'inquiétude dans l'âme d'un homme qui, au demeurant, se porte assez bien. Aussi la plupart des gens qui mènent une vie sédentaire sont toujours malades. Leur imagination attaquée sans cesse par l'imagination d'autrui. Vous êtes changé. Vous toussez beaucoup. Faites ceci-cela. J'ai secoué toutes ces petites craintes.

Une vieille cousine pauvre, sensible, Marthon Feré, bonne fille. Une de ses parentes veut se faire carmélite. Assemblée de parents chez la supérieure. À cette nouvelle, s'y rend sans y être appelée. En entrant leur crie: « C'est inutile. Je viens vous dire que c'est inutile. Ma cousine n'a point de santé. Je ne souffrirai point cela. »

---

[45] Bernardin avait deux frères, Dominique et Dutailly.
[46] St-Martin-des-Prés apparaît sur les cartes de Cassini, commune aujourd'hui disparue qui était située entre St-Ouen-sur-Iton et Vitrai-sous-Laigle.

Elle m'apporte le soir six belles poires de Bon Chrétien[47] qui étaient sur sa cheminée.

Promenade le long de la mer vers l'ouest. Aspect de la côte de près de cent cinquante pieds de haut. Blanches, ravinées çà et là, eaux s'écoulant, grotte creusée. On s'en pourrait faire de superbes caves. Par couches horizontales, compté cinquante-cinq couches, comme les lits d'une muraille, chaque couche blanche divisée par un cordon de galets noirs. Même montagne de marne depuis et au-dessus de Rouen le long de la Seine tournant la mer à Le Havre, Fécamp, Dieppe, et au-dessus cause de la fertilité du pays de Caux dont elle fait la base. Fossiles qui se trouvent à Dieppe.

La mer a mangé plus de deux demies lieues de cette lisière dont on voit encore les fondations à une chaîne de roches marneuses qui s'avancent bien avant en mer a une lieue vers l'ouest. Au bord du rivage au niveau tout est de la même marne et cailloux.

Page 19

Oiseaux, corneilles armenteles[?] volant des falaises à une demie lieue tourne sur un petit vallon. Le long d'une petite rivière sur le vallon de Porville ou St Thomas faisant chasuble[?] revenu par un chemin sur la hauteur, descendu le long du château, fossés très profonds. Le printemps n'avance guère.

Bord de la mer, trouvé œufs de poisson en pelote blanche semblable à du papier de soie.

Bateaux qui vont au merlan dans un jour en prennent jusqu'à trois cents mains[?] dont le prix commun a un écu neuf cents livres. Dans cette saison, il est médiocre, ayant frayé.

J'ai vu anguilles se conservant depuis six mois, très vives dans une auge de pierre pleine d'eau de fontaine, sans manger. Pourquoi le poisson peut-il vivre si longtemps sans manger ? Peuples qui l'ont pris, avec raison, pour un symbole de la divinité. Génération des anguilles inconnue. La nôtre ne l'est guère davantage.

Dieppe. Fontaine dans la plupart des maisons, commodité dont la capitale manque. Uniformité dans la plupart des rues et des maisons qui rend la ville triste. Nature varie ses formes et l'habitation humaine doit l'être.

Du mercredi 15

Temps très beau continue.

Pourquoi la vie des villes de provinces ennuyeuses et pleines de troubles ? Hommes voulant se connaître trop, se pénétrer, curieux des autres, voilà

---

[47] Variété de poires, aussi appelée Williams.

pourquoi babillards, ennuyeux. Nature cache ses opérations ne laissant apparaître que ses fruits de loin en loin. Elle voile tout et plaît par son unité[?] peu de[?] [mot illisible], de toute l'économie animale voilée. Moitié nécessaire à l'homme.

On remarque le banc de marne au bord de la mer qui probablement fait le fond du large canal de l'Angleterre dite Albion. Mer a rongé la moitié d'une jetée et une partie du Polet. Je sortis après dîner et passai entre deux tours allant au Polet. Pris un pont sur la rivière d'Arque. Pauvres maisons, nombreux enfants se portant bien. Matelots enroués avec des moufles aux mains. Bottes fortes rousses chaussés comme des ours.

Page 20

Je vis dans la côte plusieurs petites grottes fermées. Côte comme tous ruinées. Je trouvai sur la droite une grotte toute blanche ondée de vert brillant de mousse marine. De là, je voyais l'entrée de deux. J'allais du port sur la gauche et la mer couverte de barques de pêcheurs qui attendaient que la marée fut haute. Galets encombrent le canal des jetées. Moyen de faire un pont par une digue qui ferait refluer la rivière par écluses qui nettoieraient le port. Toute ville maritime qui a un ruisseau et une plaine peut avoir un port.

Je remarquai que le galet était semé dans la marne qui a une demi-consistance de pierre sous des formes bouillonnées sans être rondes étant biscornues, plates et inégales mais on en aperçoit davantage entre chaque assise de marne bien dur melé[?] où il paraît comme un petit cordon noir sur une surface blanche.

Ces cailloux appelés galets ont des croûtes blanches sans être exposés à l'air participant en cela de la marne où ils paraissent avoir été produits. Les lits de marne sont d'autant plus petits qu'ils s'approchent davantage du haut de la montagne où les assises se réduisent à rien à rien [sic] et se confondent avec la terre végétale. Il me parut que les cailloux étaient d'autant plus gros.

Grottes charmantes, toutes blanches qu'on pourrait faire silence. Bruit des flots. J'entrais dans une tortueuse[?] où on ne voyait rien. Romains faisaient bâtir des baies pour jouir du bruit et fraîcheur de la mer. Des souterrains. On en pourrait faire de vastes magasins comme l'église St Adrien près de Rouen. Ces longues côtes de marne sont battues et rongées par la marée. L'hiver dernier, il en tomba à une lieue de Dieppe près de deux acres. Le pied s'en va d'abord, ensuite le haut.

Page 21

Dans la fondation dans la mer les romains fondaient par encaissement[48] comme le dit Virgile, aussi cette méthode n'est pas nouvelle.

Je trouvai le rivage pavé de cette couche de marne que la mer en roulant des cailloux a gravé, sillonné et vermiculé.

Je trouvai de gros cailloux [à] rainure fait en tronc d'arbre et résonant comme des lingots de métal. Quant à l'origine de la marne, on peut croire qu'elle vient des corps marins, bancs prodigieux de madrépores dont les mers des Indes sont remplies.[49]

Les terres ont coulé du haut sur les faces de cette côte et la rendent brune et rousse sur le blanc de la falaise.

Cette longue muraille blanche est rompue çà et là de petits vallons.

Réflexion sur la tempête

Le plaisir de voir une tempête du rivage ne vient point de cruauté mais de la nature de l'homme, né pour vivre en l'espérance et la crainte.[50] Voilà pourquoi tant d'hommes s'ennuient d'une rue paisible et tranquille. Le bourgeois aime à parler de guerre, de voyage, le marin et soldat de repos et d'agriculture.

Conversation avec la jeune femme d'un pêcheur préparant des filets pour la raie.

Page 22

Je trouvai plusieurs lithophytes bruns et presque couleur de feu presque aussi beaux que ceux du Cap.

Une espèce de varech commun, brun, produisant une petite vessie sur ses feuilles pleines d'air qui pète lorsqu'on marche dessus. Quelques roches blanches en étaient garnies avec des mousses limoneuses d'un vert émeraude, avec

---

[48] D donne: 'On dit, *Faire un chemin par encaissement*, pour dire, Y faire des tranchées qu'on remplit de cailloux'. Dans le *Dictionnaire des beaux-arts* de Aubin L. Millin (Paris: Crapelet, 1806), tome 3, p. 270, on lit: 'Quelques auteurs ont voulu trouver cette méthode de construire dans l'eau par encaissement dans le vers 710 et suiv., du 9e livre de l'*Eneïde*, où Virgile parle des piles qui portoient les môles du fameux pont de Baiae […]'.

[49] Dans le *Voyage à l'Ile de france* de 1773, Bernardin écrit: 'L'Ile-de-France est tout environnée de madrépores. Ce sont des végétations pierreuses de la forme d'une plante ou d'un arbrisseau; elles sont en si grand nombre que les écueils en sont entièrement formés' (*Oeuvres complètes* (Paris: Ledentu, 1840), I, 49) (*OCBSP*).

[50] Bernardin fait référence ici à Lucrèce, *De rerum natura*, II: 'Il est doux, quand les vents tourmentent de leurs trombes la mer aux vastes flots, de se trouver à terre et d'observer là le grand malheur d'autrui. Non qu'on ait plaisir à voir quiconque mis à mal, mais de voir de quels malheurs on est soi-même exempt, c'est cela qui est doux'.

quelques lithophiles couleur de feu et aurore à grappes pendantes. On pourrait imiter ces effets naturels.

Les corneilles noires croassaient sur le haut de ces montagnes plus blanches que l'albâtre.

Autres, glaïeuls à tige de nerf à larges feuilles de poireaux. Grottes de marne à orner[?] de ces productions plus blanches que l'albâtre.

Je vis un gros morceau tomber du haut de la falaise.

Amalgame de terre végétale, de caillou, de marne, le tout si dur que je ne pouvais l'entamer de mon couteau. La mer qui l'avait baigné ne pouvait le dissoudre quoiqu'elle ronge les parties inférieures. La mer a un glutin[?] pétrifiant comme je l'ai vu à des glacis.

Je retournai par le premier vallon appelé puits où est un petit village. Je remarquai que le sol de la marne, le long de la mer, était fendu de lignes parallèles dirigées nord-ouest. La ville de Dieppe au coucher du soleil couverte de fumées basses et vagues[?] comme si le feu était à la ville.

Terre très fertile et excellente sur le haut de la montagne.

Varech sert à fumer les terres.

Page 23

Du jeudi 16

Demande à faire à Mr G...

Si le chateau d'Arque est bien ancien.

Combien d'hommes au Polet.

S'il y a des mémoires sur la pêche de Dieppe.

Temps où les poissons frayent.

Vu des feuilles aux armes [?] du cours de Dieppe.

Vu Marthon Ferrand, héritière, dit-on, de Mr de Marigni, famille Poisson.[51] Fille très vive, très naïve.

Histoire de Jean Manière, matelot du Polet, racontée par ma sœur. Il était venu porter ses plaintes de gens qui avaient voulu, disait-il, l'assassiner. Il apportait un gros caillou dont ils avaient enfoncé sa porte. Ma tante lui disait qu'il fallait pardonner. Je suis bon chrétien. Si j'allais communier comme c'est la coutume des femmes et viendrais me remettre à la S^{te} table après avoir le cœur net car je suis bon chrétien. Cet homme étant appelé chez un de ses parents [mot illisible] sont[?] de la ville pour vie scandaleuse. Sa femme le questionna, ma sœur étant présente. Pourquoi il vivait mal avec sa femme. C'est que dit-il, elle trouvait que je marchais comme un prince. Pour dire vrai je marchais bien, tous, dit-il, dans

---

[51] Le marquis de Marigny (1727-1781) était né Abel François Poisson de Vandières et était le frère de la marquise de Pompadour.

la famille, Pierre Manière, Adrien Manière. Je lui disais marche comme moi. C'est à cause de ça nous nous sommes séparés. Après ça, dit-il, quand je revenais tout seul, je m'ennuyais, je n'avais personne pour faire sécher mon paletot, pour tirer mes bottes. Je pris une fille, après cela dit-il, on ne peut pas, dit-il, s'empêcher de s'aimer. Mais j'aimais toujours ma femme. Quand elle tomba malade, je fus la voir. Le chirurgien me défendit de lui bailler à manger. Je lui portai un poulet en cachette. Je lui baillai le bout d'une aile. Ne mange pas, lui dis-je, suce. Elle suçait et elle mourut. Quand elle fut morte, je n'épargnai rien pour son enterrement afin qu'elle [mot illisible] comme les autres.

Cette espèce d'homme très fidèle. Trait, négociant qui donne un louis.

Page 24

On compte à Dieppe un quart de protestants.

Du vendredi 17

Je passai à la poissonnerie. J'y vis des raies monstrueuses, des nègres[52] tachetés de noir, des portugais estimés, des tîres[?] dont on fait peu de cas. Il y avait des lingues, espèce de grosse morue dont on fait peu de compte. Ce poisson est long.

Des petits chiens de mer en quantité comme de petits brochets, de grosses truites qu'on pêche le long de la côte.

Des huîtres du parc sont entassées les unes sur les autres dans un parc de claies

Homards, crabes, araignées de mer.

Il semble qu'une illusion se moque de nous. Vous vous proposez le bien et il en résulte du mal. Vous faites une sottise, il en résulte le bien. Que faire! Le bien, puisque c'est le résultat de la nature qui conserve par les maux et les biens, les générations, les classes, les êtres.

Femmes de matelot, toutes puissantes à la maison distribuant l'argent à leurs maris pour leur dépense.

Peuple grossier, rusé, gouvernant la force.

Tout-venant du dehors, n'étant point de vous. Tout donné, tout ôté.

Être sans nombre et liés sur la terre sont connus de quelque intelligence capable de les saisir, l'homme ne peut que les entretenir. Tous les hommes ensemble les voient tous.

---

[52] Poisson, sorte de scombre.

Page 25

Je fus le long de la mer du côté nord-est. Je trouvai plusieurs espèces de plantes marines.

1°. Filaments verts, communs, semblables à la soie comme ceux qui s'attachent aux parties des vaisseaux couverts et découverts.

2°. Feuilles vertes et tendres, ondées[53] croissant sur la marne parmi le varech brun.

3°. Long varech brun semblable à un nerf terminé par de larges feuilles comme celles du poireau.

4°. Autre varech terminé par une feuille très large inégale et couverte de vésicules pleines d'air.

5°. Branche d'arbrisseau pourpre.

6°. Autre fort jolie dont la tige est menue comme un jonc et se termine par une grande houppe branchue de couleur pourpre, brune, extrémité de carmin.

7°. Autre, de couleur gris de lin et de substance pierreuse.

8°. Varech le plus commun découpé comme feuille de chêne mêlée de nervures et couverte de globules qui pètent quand on met le pied dessus.

9°. Autre sèche, semblable à un arbrisseau fait de barbes d'éponge.

10°. Huîtres petites de nacres et transparentes. La coquille supérieure est percée dans toutes d'un trou.

Autres lithophytes semblables à des flocons de cheveux brun noir.

Les raies, les merlans, les lingues, turbots se prennent à la ligne et au filet. Lingues peu estimées.

Poisson s'appâte de diverses sortes dans cette saison. Merlan avec les foies de bœuf salé; turbot près des côtes d'Angleterre avec des harengs frais. Quand le poisson a frayé, il est plus dégoûté. Raie s'appâte avec l'orphie-serpent, sorte de bécasse de mer au long museau, à l'arête verte.

Page 26

Du dimanche 19

Je fus chercher des plantes. Ces lithophytes ou plantes marines mises dans l'eau douce déchargent une couleur pourpre et rose. On pourrait peut-être en tirer une teinture.

Du lundi 20

J'ai mangé de la lingue. Ce poisson, dont on fait peu de cas est bon, au goût et n'a d'autre défaut que d'être un peu ferme mais la chair de l'esturgeon ne l'est pas

---

[53] Qui présente des lignes colorées irrégulières en forme d'ondes.

moins. On lui trouve beaucoup d'œufs qu'il serait possible peut-être de préparer comme les œufs de l'esturgeon si vantés sous le nom de caviar. Ce qui se fait en mettent un peu de sel et les mangent crus. On pourrait préparer ainsi beaucoup d'œufs de la morue.

Vive, poisson de mer.

Trois sortes d'huîtres grosses. Celles du parc, huîtres noires avec un trou à la coquille supérieure.

Poisson plus abondant sur les côtes d'Angleterre mais moins délicat que celui des côtes de la Normandie comme la sole.

Vu Melle Daudane,[54] demoiselle très vertueuse et fort aimable, allant porter secours aux malheureux, aidant les pauvres de sa bourse, de son crédit, de son travail, consolant les mourants, ensevelissant les morts. Religion plus puissante que la philosophie. Si tant est que la vraie philosophie diffère de la religion et la vraie religion de la philosophie.

Page 27

Bateaux

Je fus sur un bateau de trente-deux pieds de quille, lattés[?] de cœur[?] de chêne avec entrepont. On bâtit à bon marché à Dieppe. Ces bateaux sont montés de 20 à 25 hommes, résistent aux plus violents coups de mer. On pourrait en construire pour les Indes.

Equinoxe du mardi 21

Le temps très beau. Point de coup de vent. Le temps s'étant épuré peu à peu dans le tiers du mois.

Nous fûmes à Bon-Secours, petite chapelle sous le château, dédiée à la vierge, toute tapissée d'ex-voto représentant des naufrages. Château au-dessus antique demi ruiné, mal situé commande de la hauteur.

Réflexions

Celui qui arrive après une longue absence trouve tout changé. Les autres le trouvent aussi. Ceux qui ont vécu ensemble ne s'en aperçoivent pas. Toutes les pertes le frappent à la fois, avec surprise. Celle ci est laide, cet[te] autre vieille. Génération nouvelle connue subitement. Changement plus étonnant. Les opinions, sentiments, caractères. Alors par un retour saisissant l'homme vient à se repérer [?] que non seulement sa figure, mais son intérieur, son âme est sujette aux révolutions mais l'opinion de la vertu toujours la même.

---

[54] Cousine de Bernardin.

Page 28

La feinte ainsi dite parce qu'elle ressemble au maquereau.
Chien brochu[?], roussette tigrée aux ailerons teints en sang.
L'ange, poisson intermédiaire entre la raie et le chien.
La vive faite comme la loche.
Merlan et morue et lingue.
Le rouget avec ses antennes rouges aux ailerons
Le rouge
Le poisson de St Pierre, espèce de limande marquée d'une tache noire dessus et dessous comme de la marque d'un doigt.
Le rouet au gros ventre armé d'épines.
Celui qui est tout en gueule dentelée comme un entonnoir appelé le sago.
Langouste diffère du homard en ce qu'elle n'a point de grosses pattes.
Le carrelet espèce de limande mouchetée de rouge.
La limande, la sole, le turbot, la barbue poisson plat égalant une bonite, le turbot.
Raie tigrée et bouclée.
Le hareng, le halbourg fort estimé, gros hareng gras.
Le rouget, chair ferme, œufs estimés.

Page 29

Du mercredi 22

Je vis sur le galet un pêcheur étendant ses filets au soleil, appelé Nicolas le Fort, contre-maître avec Mr Dache. Plaisir de parler des pays où on a été. Il me parla de Pondichéry, de l'Isle de France.

Pêche du hareng à la St Michel à 30 lieues du port de Calais dure jusqu'à la fin de l'année. Sur les côtes d'Angleterre chiens brochus qui mangent les filets et le hareng en grand nombre. Pêche du hareng avec des filets de vingt-cinq pieds de profondeur.

Mettent bouillir du tan 24 heures et y trempent leurs filets pour les empêcher de se corrompre.

Pêche du maquereau sur le port de Dieppe ainsi que du hareng.

L'armateur a 13 lots le sol par livre de la vente, le maître 10, les matelots cinq. L'équipage se nourrit. Je vis ouvrir un marsouin de 180^{lt} et vendre 12^{lt}. Grand matelot au teint jaune, longue barbe grise, chasse-marée[55] au nez rouge. Bateaux de 25 à 30 tonneaux résistent bien à la mer. Description d'une fête où ma sœur fut invitée pour en bénir un: prêtre jette du sel et du blé à fond de cale et hors le vaisseau. Pluie continuelle. Pierre auquel grand-père mangeant un coin de la voile

---

[55] Personne qui transporte des produits de la pêche.

lui coulait sur le visage sans qu'il s'en aperçût. Nombreux enfants. Invitent ma sœur, apparemment, lui dit la femme vous ne vouliez venir parce que je n'avons pas de quoi vous recevoir. Il y avait un demi-veau et une marmite pleine de pigeons. Lui offrit c'est gros morceau de veau. ma sœur l'offre pour s'en défaire à un des enfants qui allongeait le cou, nenni, dit-il, nenni. Je n'en veux point baillir moi de ces mangers. Femmes et hommes fous de leurs enfants. Ma sœur demande de l'eau, de l'eau cheux nous o que nenni, du vin seulement. On ne boit point d'eau ici. Il n'y en a que dans le seau. On apporta une pinte d'eau.

Page 30

Plaisir que ce serait pour le roi d'avoir son Fontainebleau[56] en Normandie à Varengeville.[57] Son Compiègne[58] a.[59] maison de plaisance peu éloignées bonnes quand les rois avaient de petits domaines.

Arbrisseaux et arbres de la forêt du comté d'Eu.

Epine de haie, noire et blanche, épine-vinette, aubépines [5][60] servent à greffer des arbres fruitiers.

Bois joli dont la fleur vient souvent avant la feuille renferme des grains poivrés. Genêt, chèvrefeuille, lierre, églantier dont les feuilles opposées. Rosier sauvage, feuille unique ainsi que la ronce. Le myrtille arbres.[8]

Genévrier, genêt, houx, nerprun ou bourg-épine, donnant par ses baies le vert de vessie[61] vessie cornouiller.

Le bois dur comme corne, viorne et troëne charmant en palissade ainsi que le puisson [?].[8]

---

[56] Au Siècle des Lumières, Fontainebleau demeure ce château dans lequel se déroulent, à l'automne, les séjours de chasse. Les rois de France profitent de ce que l'étiquette y est un peu plus relâchée qu'à Versailles pour y recevoir certaines visites diplomatiques de souverains étrangers ou encore, juste avant les mariages, profiter du voyage à Fontainebleau pour aller au devant de nouvelles princesses à accueillir. (http://www.musee-chateau-fontainebleau.fr/Le-XVIIIe-siecle).
[57] Actuellement, commune dans le département de la Seine-Maritime.
[58] C'est à Louis XV, qui se passionna pour Compiègne, que l'on doit le palais actuel. La maison de ses ancêtres étant exigüe et démodée, il voulut une résidence à laquelle attacher son nom. Il demanda un « grand projet » à son premier architecte Ange-Jacques Gabriel qui en dessina les plans validés par le roi en 1751. (http://palaisdecompiegne.fr/un-palais-trois-musees/un-palais-royal-et-imperial).
[59] Il nous semble qu'un mot manque ici, peut-être un nom de ville que Bernardin devait ajouter ultérieurement.
[60] Sur cette page se trouvent des chiffres de la main de Bernardin à la fin de certaines lignes. Nous les reproduisons tels quels, mais le sens n'en est pas clair.
[61] Vert de vessie, nom donné dans le commerce à une sorte de couleur verte qu'il reçoit ordinairement enfermée dans des vessies, et qui est extraite des baies mûres du nerprun des teinturiers. [Littré]

Bourdaine, cauchenne[?] ou obier, mercaille arbrisseaux dont le charbon sert à faire la poudre, le bonnet carré[62] dont le fruit est un poison pour les brebis et chêvres.[4]

Arbres, pommier sauvage ou boquettier propre à faire du cidre. Tilleul, orme mâle, orme femelle, aulne, charmille, bouleau, charme, frêne, prunier sauvage, hêtre, châtaignier, chêne, érable, bouillard qui n'est bon qu'à brûler, tremble, merisier, saule femelle, aulne, saule marceau à la feuille ronde.[20]

Bois puant. Arbrisseau son suc me fait vomir. Sureau, [2] arbrisseau pour les vanniers ainsi que le coudrier.

Le plairt[?], le peuplier.[2]

Plantes: [mot illisible], framboisiers, fraisiers, oralies nonulaires[?]

fangues[?] dont la racine peut-être [mots illisibles]

Page 31

Du jeudi 23

Je fus du côté de Porville[63] le long de la mer.

On entendait dans le haut des rochers, sur la gauche, le bruit des flots qui roulent le galet répété, comme s'il y avait eu une mer aérienne au-dessus les falaises éloignées, nuages redoublés comme un second rang y vis tomber des pierres de la hauteur de la montagne successivement. Je vis des moutons paître sur le bord des précipices où homme n'eût osé aller. L'ignorance du danger ôte la crainte. Berger avec son chien pointu qui regardait la mer.

Soit que les falaises se soient fendues intérieurement par des tremblements de terre ou par le seul effet de la pesanteur. Les terres végétales ont coulé du haut par ses fentes et formé de grands noyaux qu'on trouve à la voûte des cavernes que la mer a creusées. À mi-chemin de Porville, le long de la mer, j'ai remarqué homme dans la falaise à hauteur d'appui un de ces lits de galets qui séparent les lits de marne. On voit un double banc de cailloux d'un pouce d'épaisseur d'une seule pièce chacun et séparé de deux pouces de marne, en sorte que de ces lits de niveau, on en pourrait tirer des tables toutes faites d'une grandeur incroyable. Cette table étant de niveau et coulée comme une glace. Je l'ai suivie plus de deux cents pas sans être interrompu. Cette table noire a deux croûtes blanches comme les autres cailloux. Beaucoup de cailloux sont pleins de marne en sorte qu'il y en a qui n'ont que la croûte seule. Au-dessus de ces tables et au-dessous est un lit de grandes coquilles dont on remarque les longues courbes et l'épaisseur de quelques-uns, d'un quart de pouce et plus. J'ai détaché quelques fragments avec la pointe de mon couteau de chasse. Je ramassai sur la côte beaucoup de

---

[62] Nom vulgaire du fusain.
[63] Nous lisons bien 'Porville' mais il s'agit sans doute de 'Pourville-sur-Mer'.

lithophytes pourpres et j'attendis que la mer fût basse pour entrer dans un fossé où il ne se trouva que quelques lusins[?] que je maniais vivant. Un poisson fait comme une anguille au museau allongé comme une trompette. Il ne vaut rien à manger.

Page 32

Les pêcheurs me dirent qu'ils louaient cet emplacement 45^{lt} et un a traite[?] leurs filets leur coûtent cent écus, le travail des pieces 50 francs et dans une mauvaise marée leurs filets sont abîmés.

Ces filets forment une enceinte faite en cœur. Une longueur de filet part de l'ouverture de ce cœur et vient vers le rivage. Les poissons arrêtés par ce long filet le suivent et entrent dans l'enceinte où ils restent quand le hasard ne les répartit pas vers l'endroit où ils sont entrés.

Le roussable[64] est un bâtiment estimé[?] jusqu'au toit ouvert d'une petite lucarne, avec des chaînes où se posent une multitude de baquets où les harengs sont disposés. On fait au dessous de ces potages de poisson un feu de fumée où on les tient pendant quinze jours après les avoir laissés plusieurs jours tremper dans une saumure de sel.

Les dentellières quittent leur ouvrage pour travailler à Paris.

Le temps de l'arrivée du hareng est un temps d'abondance pour le peuple qui est occupé nuit et jour à saler.

Le hareng saur a ses issues. Le salé ne les a pas. On emploie celle-ci[65] à fumer les terres qui en deviennent très fécondes.

Défense de la côte de Dieppe

Si tout le royaume était naturellement défendu par une longue muraille à pic comme la côte de Dieppe, il serait inabordable. Il n'y a à saisir [?] qua l'entrée des vallons par de bonnes redoutes et y attacher à la défense les villages voisins. La mer bat le long de la côte.

Page 33

Du vendredi 24

Ivoirie

Quoique le commerce d'ivoire soit bien tombé en France par la beauté de la marqueterie et parce que cette matière jaunit, il y a à Dieppe beaucoup d'ivoiriers

---

[64] Atelier où l'on fume des harengs (*Littré*).
[65] Ainsi dans le texte.

qui font une multitude de petits ouvrages: tabatières, étuis découpés à jour, sculptés avec une patience extrême.

Je fus chez un ivoirier, homme de goût, appelé Le Flamand. Dans un coin de sa boutique étaient rangés en piles une multitude d'os de bœuf. Cet os est le plus plein de tous. Il jaunit moins vite que l'ivoire mais il est plus fragile. L'os de cheval est plus dur et est d'un blanc éclatant. L'os de mouton.

L'ivoire se distingue de l'os au grain. La verte[66] est plus compacte et a une transparence vitreuse. On devrait encourager l'usage des os, matière de notre cru.

Dentelle de Dieppe faite de fil de Flandre dure plus longtemps mais moins fine.

Du samedi 25

Le gros temps s'étant élevé par un vent d'ouest, je fus le long de la mer. Le ciel était couvert de nuages. Les falaises ne s'apercevaient pas au loin. La mer, couleur sombre olive déferlait sur le rivage, formant des ondes d'écumes et ses flots brisaient en énormes eponges blanches. Le fracas des flots, au loin des nappes d'écume. Le long du rivage un vent très violent, grondant dans les cheminées.[67] Au loin deux vaisseaux qui se hâtaient de rentrer. J'ai avancé jusque sur le bord de la jetée. À peine suis-je arrivé qu'un des vaisseaux a rasé l'extrémité, soulevé de l'arrière l'avant plongeant tout bas. Un homme vigoureux leur a jeté une corde pour que le courant ne leur fît pas manquer l'entrée du port où il a heureusement pénétré. L'autre, plus petit et fort chargé, on voyait son corps disparaître. Enfin, il est entré une barque de pilote ballottée entre les deux [mot illisible] par devoir pour la diriger. Le port de Dieppe se remplit de galets. Le vent était rude par intervalle, on avait peine à se tenir debout.

Pêche à la ligne: les congres, les lingues, les raies, les merlans, les turbots. Mais aux filets, flottant comme une muraille, se prenant par les ouïes, les harengs, maquereaux et raies ayant plusieurs rangs de filets à larges mailles entre lesquelles ils passent et s'embarrassent.

Page 34

Il y a autant d'espèces de poissons différents qu'il y a de manières possibles de vivre dans la mer et de [mot illisible]. Les uns sont faits pour la parcourir et sont de formes allongées et taillés en longue carène pour la course comme les baleines, marsouins, souffleurs qu'on retrouve dans toutes les mers. Ainsi que les thons pélamides, des bonites, maquereaux. D'autres restent sur des hauts fonds allant çà et là, à de grands fleuves comme morue, lingues, musles[?],

---

[66] Dans la première moitié du XVIIe siècle, 'ivoire' était couramment du féminin (*Littré*).
[67] Cette description de la mer nous fait penser à certains passages du roman, *Paul et Virginie*, surtout la description de l'ouragan qui cause le naufrage et la mort de Virginie.

merlans.[68] D'autres vivent au fond où elles se cachent sur les vases comme turbots, barbues, carrelets, limandes et les poissons plats. D'autres dans les rochers couverts de coques comme huîtres, moules, limaçons, coquilles qui s'y attachent avec des fils des glus. D'autres s'enfouissent dans la vase et trous comme anguilles, d'autres dans les rivières et à la mer comme saumon, truites, enfin d'autres vivent aux dépens de ceux-ci, et les uns sont taillés en long pour voyager en pleine mer comme les requins, chiens de mer, brochus, armés d'épines sur le dos si nombreuses qu'on attribue la venue subite des harengs à leur poursuite. D'autres plates pour flotter sur les bas-fonds et y répandre la terreur comme raies de toute espèce, polypes. D'autres cachés dans les rochers y dressent des embuscades comme des homards, crabes, araignées de mer à pattes hideuses couvertes de poils, cuirassées, armées de dents tenailles. D'autres sont de formes participant de celle-ci comme de leur manière de vivre.

Cependant tous les poissons se mangent mutuellement, excepté que les espèces de raie et de chien ne mangent que du poisson tandis que les autres mangent des algues, varech.

On pourrait faciliter la pêche de Dieppe de la marée fraîche par des bateaux meilleurs voiliers qui chargeroient la pêche des bateaux pêcheurs et la porteroient. Car, il arrive que l'on n'a qu'une petite portion laquelle devient vieille, en peu de jours, tandis qu'il cherche à la compléter. Pêcheurs de Dieppe achètent des Anglais des raies dont ils ne font point cas. Bateaux de Dieppe au nombre de cent, armés pour le hareng, de 22 hommes, et cinquante de la ville d'Eu et du Tréport, plus nombreux aujourd'hui qu'autrefois.

Page 35

Pauvres

Malgré la facilité d'y pouvoir vivre, il y a beaucoup de pauvres car la pêche est capricieuse. Moyen d'empêcher qu'il y ait des mendiants. Nécessité des pauvres pour travailler, non pour mendier. Ateliers qu'on pourrait tenir pour les pauvres en tout temps, pour vivre, logement et habillement. Galet, cordage, toujours à travailler dans un port jusqu'aux enfants. Politique encore bien neuve en Europe. Gouvernement anglais imparfait dans cela seul qu'il y a des mendiants.

Nota bene Que le sayo,[69] ou diable des mers, est la grenouille-pêcheuse. La nature a posé sur la tête de ce poisson qui a une gueule effroyable, deux longues antennes comme un homard terminé par une pellicule . Ce poisson s'en sert pour attirer

---

[68] Bernardin parle longuement des poissons de la mer dans la sixième étude des *Études de la nature*. Voir, OCBSP, I, 202–05.
[69] Saillot ou baudroie, aussi appelé lotte.

amarre[?] au-devant de sa gueule les petits poissons qu'il engloutit dans son corps fait en long entonnoir.
Nota. Que ma sœur donneroit toutes ces observations-là, pour une aiguillée de fil à coudre.

Du lundi 27

Il fit fort mauvais temps ainsi que le dimanche. Il avait gelé et neigé le matin. Bien aise de voir le temps qui se purge.

Page 36

On parle volontiers de ce qui est rare. Les moines parlent beaucoup de la guerre et de la cour; gens de guerre et de mer, d'agriculture et de repos; à Paris, d'amitié. Je n'y ai vu que des confédérations.

Quoi voyager seul et avec de l'argent, n'avais-je pas dans ma poche la plupart des gens du pays où je passais à mon service, leurs denrées au point que je pouvais les enlever toutes. N'avait-on pas apporté des pays lointains ce qu'il y avait de plus rare pour mon passage. N'avait-on pas bâti et meublé des maisons partout où je voudrais m'arrêter. Dans un petit volume, je trouvais à me faire servir. Je ne suis point étonné de l'avidité des hommes après un métal si commode. Mais il y a du plus rare, ce sentiment qui nous met au-dessus des commodités, où l'homme cherche à rentrer, qui le fait jouir divinement en prospérité et supporte aisément la vérité. Voilà ce qui est plus difficile à trouver et dont j'avais bien peu amassé.

Nota. Que de Château à Nanterre, le chemin est infecté de voieries et de fumiers. En Normandie et Bretagne, et beaucoup de provinces, chaque paysan a coutume de faire pourrir ainsi à l'air ses engrais. Ce qui en automne, où s'achève la plus grande décomposition, empoisonne l'air de mille vapeurs infectes et cause une infinité de maladies. Il vaudrait mieux pour l'économie même les obliger de creuser des fosses profondes qu'on recouvrirait de terre. Il en resterait plus de sucs qui ne seraient enlevés ni par l'air ni par les eaux.
Nota. Tableau de chemin. Cabriolets, carrosses, soldats suisses, gens ivres lendemain de jour gras, paysans, moitié laquais, grand chemin épanchement de Paris.

Page 37

Du mardi 28 mars 1775

Il fit tout le jour, comme la veille, un très mauvais temps, pluie, vent, grêle et je me félicitais d'être bien à l'abri. Dans la pensée que le beau temps succéderait puisqu'il tombe année commune une quantité d'eau à peu près égale. Ce serait une réflexion qui ne répandrait pas peu de joie dans la vie. À l'arrivée de quelque malheur de réfléchir qu'il y a pour tous une compensation de maux à peu près égale et qu'on est heureux de supporter un mauvais événement en considérant qu'on est à l'abri, qu'on a telle ressource.

Ce jour la plupart des pêcheurs sortis pour la pêche du maquereau rentrèrent dans la crainte que la tempête ne les jette sur la côte.

Du mercredi 29

Pendant toute la nuit, il pleut et il neigea. Ce temps est propre aux réflexions. Elles se présentent quelquefois à l'esprit d'une manière capable de troubler. Un homme qui se retire dans la solitude pour réfléchir est comme celui qui emporté par un torrent[70] verrait passer autour de lui, les ruines, les glaces, avec une rapidité et un bruit effroyable. Tandis qu'emporté avec le torrent, il ne voit que les objets qui l'environnent emportés avec lui.

Le temps, les événements, les caractères si rapides, si bouleversants dégoûtent le solitaire de la vie.

Page 38

Réflexion sur le commerce

En Normandie, on se pique d'avoir des toiles de Hollande, des faïences d'Angleterre. Cependant il s'y fabrique beaucoup de ces choses. C'est le devoir à un citoyen d'acheter par préférence tout ce que son pays produit par amour de la patrie. La philosophie doit étendre son amour pour le genre humain par degrés comme l'a voulu la nature qui veut que certaines choses soient intimes, d'autres annoncées. Le commerce qui ne philosophe guère ne voit que le profit, mais du profit général résulte le bien de tous. La morale et la religion ne pouvaient-elles pas insinuer mieux que les prohibitions, ces pensées aux peuples, comme des parties de la morale chrétienne et naturelle.

Du mercredi

Baiser

Baiser de protection sur le front, d'amitié sur les joues, de parenté sur[71]

Matelots du Polet passent leur vie au cabaret. Leur quartier plein de traiteurs. Il n'y avait point de nuit.

---

[70] Bernardin avait d'abord écrit 'grand fleuve'.
[71] La phrase se termine ainsi.

D^me Blondel, amitié parmi les malheureux. Femme très capable lave sa vaisselle, lui apporte son dîner, délicate, sensible, malheureuse, faisant ses commissions.

Les gens du peuple n'osent prononcer le nom de certains animaux. Je trouvai une paysanne qui nous dit qu'elle vendait des vêtus de soie pour dire un cochon.[72] Un autre me dit: « là où vous voyez cet animal » pour dire un âne n'osant pas prononcer le nom. Il est bien honteux de rendre honteux le nom des animaux utiles. D'autres disent en parlant des pieds, sauf votre respect. Il y a une pudeur dans la nature qui ne doit pas sortir des bornes de la pudeur.

Page 39

Le peuple assemblé. Plusieurs personnes étant affligées de coliques violentes et quelques-unes en étant mortes, on a découvert que le cidre était mêlé de céruse et de litharge. Ainsi on a puni le cidre poison et non l'empoisonneur. Il me semble que ces punitions sont aussi ridicules que celle qui ferait jeter au feu le fusil dont un homme aurait assassiné.

Cendres même lessivées très recherchées à Dieppe par étrangers pour fumer les terres, jetées à Paris.

Je soupai chez une parente. J'appris que les femmes du Polet portaient comme les Hollandaises beaucoup de bijoux d'or.

Du vendredi 31

Au matin, en me levant, je vis tous les toits voisins couverts de neige. Adieu le beau printemps. Ma cousine Feret[73] vint me dire adieu. Je déjeunai avec de grosses huîtres. Mme Blondel vint voir ma sœur. Nous causons familièrement jusqu'à neuf heures et venant à dire à Mme Blondel, à cela il est temps de partir. La voilà tout à coup à fondre en larmes, ma sœur laissa tomber sa tête, moi, prévoyant cette séparation à laquelle j'étais préparé, je fus ému et me contentai de dire: « je ne vais qu'à quarante lieues. » Mais voulant continuer, je sentis ma voix se refuser et me retirai du côté de la fenêtre pour me remettre un peu. Ensuite je revins vers elles qui fondaient en pleurs. Toute ma philosophie s'en fut encore. Mais ce n'est rien, laissez-moi, laissez-moi. J'embrassai la première, puis ma sœur que je serrai dans mes bras ne pouvant rien lui dire puis, je me retirai, l'âme accablée.

Page 40

Tout était triste autour de moi. Les chemins pleins d'eau. Les flancs des côtes de la vallée d'Arques couverts çà et là de neige. Je me tirai à peine de ces terres

---

[72] En effet, nous trouvons dans *Littré*: 'En Normandie, un vêtu de soie, un cochon.'
[73] Très probablement, Anne-Marie Dandasne-Féré (1733–1799).

grasses et humides. J'arrivai à la vallée de St Aubin à Sauqueville[74] un peu au-dessus. N'observant plus rien, je vois sortir d'un trou un petit animal roux, fort long, au cou de chameau, la cravate blanche, la tête vivement agitée. Un autre part à l'instant et traverse le chemin. Un homme me dit que c'étaient deux belettes, chose singulière, jamais je n'en avais vu. Cet augure m'avait semblé mauvais joint au jour de vendredi et à un enterrement qui le matin avait passé devant la porte. À Sauqueville j'entrai chez ce bon homme à l'âne. Lui et sa femme me reconnurent. J'étais tourmenté de mes étouffements. À quoi sert de se précautionner contre les maux du dehors. Un vent[75] vous ôte jusqu'au courage. Il s'appelait abbé parce qu'il avait étudié. Je fis chauffer de l'eau et pris un peu de sucre ce qui me fit beaucoup de bien. Humidité fort dangereuse aux pieds. Je continuai ma route. Ciel fort beau. Que m'importe la terre si le ciel est pour moi. Tout s'attristait près de moi. Rien à voir[76] dans ce pays. Encore l'aspect de l'hiver . Laines attachée aux haies, forêts grises. Nids noirs de pies attachés aux sommets sur des hautes futaies, neige sur la pente des côtes.

De Soqueville je continuai sur Baqueville.[77] Je reconnus le moulin indiqué par Marton et à 3 lieues de Dieppe, je quittai la route de Rouen pour prendre les chemins de traverse. Dans les sentiers douteux dirigeant ma route vers le sud, je le trouvai très beau. Je passai par Baqueville. Je rencontrai une jeune fille chargée de bois qui m'indiqua un meilleur chemin hors du village.

Page 41

Elle me dit que le seigneur du lieu le marquis de Baqueville[78] les faisait tous vivre contents. Un grand jeune paysan s'approcha et lui dit: « Michelle vous êtes trop chargée », et il prit sa charge. Les filles en prennent toujours plus qu'elles n'en peuvent porter. « Ah, quand on y est une fois, dit-elle, on aurait le courage de tout emporter. » ***[Fin de la page du manuscrit de BSP]***

Quand nous fûmes devant sa maison, elle m'offrit un verre de cidre et me dit qu'elle me conduirait plus loin si son père ou sa mère était à la maison. Son père s'appelait Simon. Je lui souhaitai un bon mari. Femmes nécessaires par leur esprit de détail. Pour moi je ferais plus volontiers la fortune de qui prennent tout d'un coup de mon ami que les honneurs d'un dîner. On m'avait dit aussi à Dieppe beaucoup de bien de ce seigneur. La route de Caudebec passe par la cour du château. Mélange d'ouvrage moderne et des temps antiques ruinés. Comme je

---

[74] 1 Sauqueville, petite commune située dans le département actuel de la Seine-Maritime en région Haute-Normandie. Bernardin écrit aussi 'Soqueville'.
[75] Bernardin utilise ce mot dans le sens médical pour parler de gaz dans le corps.
[76] Lecture incertaine.
[77] Bacqueville-en-Caux.
[78] Martel de Bacqueville.

traversai, ayant demandé le chemin de la gripiere,[79] je vis venir à ma rencontre un monsieur qui portait le ruban de Saint-Louis. Je le saluai et il me salua. Quand il fut passé derrière moi, il se retourna et me dit: « M^r ne m'aurait-il pas demandé. Je croyais que vous m'auriez demandé. » Je lui répondis que j'avais demandé le chemin de la gripiere mais que j'avais ouïr dire tant de bien de lui que j'étais très flatté de l'honneur de le voir. Sur quoi, il fit une très grande inclination et se retira. Si tous les seigneurs lui ressemblaient il serait à craindre qu'on ne vit renaître le gouvernement féodal.

Le sentier court dans de si bonnes terres. Il n'y a point de chemin large comme voit à meularance[?] mais j'eus le bonheur à deux embranchements de rencontrer du monde qui me décida sur ma route. Je me déterminai pour les sentiers vers le sud sur la gauche. Mes pieds commencèrent à me faire un mal terrible car j'avais eu l'imprudence de les chauffer

Page 42

humides. Je désirai ardemment arriver à la gripière où je parvins vers quatre heures. On descend une côte où dans un profond ravin je vis plusieurs très grands arbres tombés par le mauvais temps dernier avec leurs mottes de terre. Les gens du pays appellent ces ravins des cavins. *[Fin de la page du manuscrit de BSP]*

Je[80] descendis dans le vallon sur le bord de la rivière, bien résolu de rester là, mes pieds me faisant grand mal. Il n'était que 4 heures. L'hôte m'avait dit que je trouverais de tout chez lui. Sortant par un ravin très étroit et profond, je vois cet homme qui me suit à grands pas. Il marchait à côté de moi. Il se retourna et voici un robuste chartier[81] conduisant une charrette en sorte qu'il m'était impossible d'aller en avant ou en arrière. L'idée me vint que ce pourrait être voleur, et, par un mouvement involontaire, à son cri: « allons, allons », je levai ma canne sans autre intention que de parer les 1ers coups. Ce mouvement fut si prompt qu'il en fit deux pas en arrière tout effrayé. Cependant c'était un honnête homme car il m'enseigna de lui-même le chemin au sortir du village. J'ai rencontré un berger de 76 ans, vieillard fort gai, homme content, me conseille de loger près de l'abbaye à l'auberge. Il n'y a qu'une auberge. Je marchande avec l'hôtesse qui n'avait rien à me donner que des œufs qui me font mal. Point de poisson. Cependant considérant que je n'aurais fait que cinq lieues, le bruit du moulin m'attirait. Je pris mon parti. Et me voilà à grimper l'autre côté dans le bois. Je marchais ainsi

---

[79] Ce mot est difficile à lire et apparaît trois fois dans cette page. S'agit-il de la Gripière, ancien nom de la ville d'Auzouville-sur-Saâne d'après le *Dictionnaire complet géographique, statistique et commercial de la France* de Briand-de-Verze, Paris 1839?
[80] Cette page est très difficile à déchiffrer — la transcription du copiste ne suit pas exactement le manuscrit de Bernardin qui est très confus et semble raconter deux histoires en même temps.
[81] On lit bien 'chartier' pour 'charretier'?

et m'arrêtai pour prendre un peu de force avec une fiole que m'avait donnée ma sœur. Je passai par un village appelé le trop[82] où trois jolies filles m'offrirent de passer par leur cour pour éviter le mauvais chemin du village. Je grimpai leur fossé et lui souhaitai un bon mari ce qui lui plut beaucoup. J'arrivai au soleil couchant à l'abbaye d'Ouville, grande pièce de rabette, neige encore restée sur les toits de l'abbaye où rien ne manquerait. Je n'y trouvais que des salaisons, du vin cher, et le bois qu'en moins d'une heure j'aurais pu en brûler pour un écu. J'examinai mes pieds douloureux, grosse ampoule. Je les frotte de suif. Souper me rétablit. Grand froid dans ma chambre.

Remarque sur cette partie du pays de Caux.

Il est impossible de voir ailleurs de meilleures terres. Tout y est labouré

Page 43

comme si les économistes y eussent passé. Ils la couvrent de marne qu'ils trouvent dessous. Filles très jolies. Paysan poli salue les passants. *[Fin de la page du manuscrit de BSP]*

Je considérais ces belles terres où je n'avais rien. Le départ de ma sœur et les peines de mon enfance. Tant de causes inutiles venaient se rappeler à mon cœur. Je ne pouvais penser au bonheur du marquis de Baqueville sans être ému aux larmes.[83]

Cependant cette terre si riche n'est pas sans monotonie[?]. Bien d'autres plus sauvages m'ont paru plus piquantes. La nature n'est belle, intéressante, grande que quand l'homme la laisse agir et cet esprit de fabrique, d'intérêt, d'économie répand dans beaucoup de lieux sur les considérations[?] un air d'intérêt qui ne flatte point. Il y a une sorte de négligence qui sied à l'homme comme à la nature.

Beaux enfants. Charmante jeune fille de Baqueville, à la jambe fine, aux traits naïfs, à l'air sensible, au cotillon court. Mon hôte était paralytique des jambes depuis que l'abbaye d'Ouville[84] brûla il y a 40 ans. Elle est aux feuillans et bonne.

---

[82] Nous lisons 'trop' mais nous pensons qu'il s'agit de Torp-le-Mesnil.
[83] Jean-François Boyvin de Bonnetot, marquis de Bacqueville, né à Bacqueville-en-Caux en 1688 et mort à Paris le 7 octobre 1760 dans l'incendie de sa maison (certaines sources donnent 1786 pour la date de sa mort), tenta une des premières tentatives de vol humain. Le 19 mars 1742, il s'élança du Pont-Neuf, ou du toit de l'hôtel de Bouillon à l'angle de la rue des Saints-Pères, quai des Théatins à Paris (aujourd'hui quai Voltaire). Muni de sortes d'ailes fixées aux bras et aux jambes, il plana 300 m au-dessus de la Seine avant de tomber sur un bateau-lavoir, se brisant la jambe. Parmi les nombreux spectateurs de cette scène se trouvait Jean-Jacques Rousseau qui aborda la même année le sujet de l'homme-oiseau dans son mémoire intitulé *Le Nouveau Dédale*. La référence au bonheur n'est pas claire, si ce n'est que pendant un petit moment le marquis avait pu voler au-dessus du fleuve.
[84] Ouville est une petite commune française, située dans le département de la Manche en région Basse-Normandie.

Me dit que l'acre de terre contenant 160 acres(?) rapporte depuis cent jusqu'à quatre cents gerbes de blé du côté de la mer. La gerbe vaut vingt sols. Il en faut quatre et jusqu'à huit pour faire un boisseau.

Examen de la chambre. Disposition de mes compatriotes pour les lettres et les arts. Multitude de noms, d'inscriptions, de têtes menaçantes, d'hommes l'épée à la main, d'exécutions, de parties, de scènes trop galantes.

Page 44

Petite chandelle menue et sombre triste lieu. Logé à la botte,[85] pouvant à peine marcher, je passai trois chambres et du haut de l'escalier, je demandai de l'eau. L'hôte me dit qu'il ne pouvait pas marcher. Il se traîna jusqu'à la porte et demanda sa fille qui m'apporta de l'eau dans une pinte et me donna du papier brouillard.[86] Je me couchai après m'être frotté de suif.

Du Samedi 1er avril

Je dormis bien et je fus réveillé par le froid. Le lit étant en pente, tout avait coulé. J'ouvris ma croisée et m'aperçus qu'il avait fortement gelé. De plus, j'aperçus qu'il y avait une grande chatière à ma porte et que l'air rentrait à son aise par la cheminée où j'avais aperçu le grand jour mes contrevents fermés. Au reste le ciel était très beau. Mes pieds un peu douloureux.

Je sortis. Descente au village et château d'Ouville. Chemin très mauvais. Obligé d'enjamber les fosses. Gens obligeants qui sortaient pour me montrer le chemin. On fabrique des siamoises[87] à Ouville. Sortant de là, carrefour de 4 chemins. Embarras. Dirigé sur le soleil. Passe par Criquetot, son château, belle avenue de sapins, chemin où les pieds s'attachent. Beaux chevaux de labour à croupe rebondie depuis 8 jusqu'à 9 louis. Poules et coqs à crêtes. Fossés où je grimpais couverts de pomerolles[88] de primevères. Oiseaux chantant.

---

[85] S'agit-il de Saint-Aubin de Sarquelet? Nous lisons dans Michel Duplessis, *Description géographique et historique de la Haute Normandie* (Paris: Nyon fils, 1740), I, 295: 'Pour ce qui est de Saint-Aubin de Sarquelet, quelques-uns lui donnent encore le nom de Saint-Aubin de la Botte, parce qu'il est situé au dessus d'un Cabaret fréquenté qui porte pour enseigne *la Botte* sur le grand chemin de Rouen à Harfleur, & au Havre de Grace'.
[86] Papier non collé dont on se sert pour sécher l'écriture fraîche.
[87] Etoffe mêlée de soie et de cotton.
[88] Primevère jaune non rameuse (Louis Du Bois, *Glossaire du patois normand*, 1856).

Page 45

Je m'égarai un peu avant d'arriver à Yvetot, tout étant coupé de chemins de traverses. Près de là, deux femmes cueillaient des feuilles de rabette.[89] Hommes qui les gardent. Feuilles bonnes à manger, graines pour l'huile sert à un drap, envoyé ensuite au foulon. Beaucoup de rabettes dans le pays de Caux.

Yvetot a l'air d'une petite ville bâtie dans un bois. Beaucoup d'auberges, bâtiments neufs, grandes fabriques de siamoise luxe[?] très jolie. Mon pied me faisait beaucoup de mal. J'envoyai acheter un canif pour en couper la peau. Auberge et vin fort cher. Route neuve à Caudebec. De Dieppe à Ouville six lieues. D'Ouville à Yvetot trois lieues. De là à Caudebec deux.

Un ouvrier me dit qu'il fallait creuser depuis douze jusqu'à vingt brasses pour trouver la marne. On trouve argile, sable au-dessus. Il gagne par jour 18 sols avec le cidre et 10 avec la nourriture.

Une fille très jolie. Yeux fins, bouche naïve.

À une lieue de Caudebec terrain devient devient montueux et plus plaisant. Génevrier, genêt et romarin sur les croupes mêlées de pâturage, de verdure où paissent les vaches. C'est la descente et montée de Maulévrier Louvetot.[90]

Page 46

Je descendis à Caudebec au milieu d'une forêt dangereuse et renommée pour ses vols. Gibet dans la forêt. Plusieurs grandes gorges profondes couvertes de bois taillis[91] et hauts serpentent. Le chemin trop étroit, trop raide. Forêt devrait être plus ouverte. Je suivis un long sentier. Mes pieds me faisaient mal à cause des cailloux. Je me repentis de n'avoir pas de pistolet et vins à penser que le lendemain il me faudrait traverser celle de Pont-Audemer[92] où je n'avais jamais passé.

Cependant j'entendis avec plaisir les merles annoncer le printemps et se répondre d'une gorge à l'autre. La terre était jonchée de primevères, d'un campene[?][93] blanche à feuille de persil appelé fleur de coucou. Tout le monde me saluait, les bourgeois à cheval, j'étais à pied. Je n'ai point cependant de pistolet. Terre rousse.

Dans la descente de la montagne on revoit la marne qui n'a pas plus d'un pied de terre végétale au-dessus.

---

[89] Chou-rave.
[90] Le village de Maulévrier-Sainte-Gertrude se trouve dans le département actuel de la Seine-Maritime. Louvetot, qui est tout proche, est situé au milieu du plateau du pays de Caux, surplombant la ville de Caudebec-en-Caux qui s'étend sur la rive droite de la Seine.
[91] 'Bois taillis, bois crû sur souches et par rejetons, que l'on taille, que l'on coupe de temps en temps' (*Littré*).
[92] Bernardin écrit 'Ponteau de mer'.
[93] Lecture incertaine; nous lisons bien 'un' suivi de 'campène'.

Vu un abbé en sabots monté sur un bon cheval avec deux sacs de blé. Tout le monde ici trafique. J'ai vu à St Romain un cordelier qui prêchait cinq sermons par jour. Blutait[94] du blé les jours de marché et jouait au piquet le soir. Tout cela lui valait de l'argent.

Page 47

J'ai descendu aux Trois Marchands. À Caudebec la vue est grande et noble du haut de la montagne. La rivière au-dessous de la ville forme un coude. Au loin des montagnes boisées.

Mangé un pigeon 1er du mois dédié à Vénus.[95]

Dans le pays de Caux, pain a plus de saveur. Poules, hommes, bestiaux mieux nourris, plus forts.

J'ai écrit à ma pauvre sœur et ma lettre partit sur le champ.

Beaucoup de faux-monnayeurs exécutés à Rouen. On avait pendu, il y a 4[96] semaines, 3 voleurs.

Réflexions sur la campagne

Je ne suis point surpris que bien des gens s'y ennuient. Prétention du gentilhomme. Rusticité du paysan. Terre détrempée de pluie. Forêts grises et résonantes par le vent. Procès, impôts, ennuyeuse compagnie. Femmes doivent se déplaire.

Mais y vivre avec ce qu'on aime, voir dans le ciel ce Jupiter de Virgile qui descend dans les nues pour la fertiliser, les joies[?] des animaux, se rappeler qu'on est loin des calomnie, de la mauvaise foi. Dans la mauvaise saison se rendre l'intérieur agréable par les ameublements, la chaleur, le repas, les bons amis.

Vu sur la forêt de Caudebec des houx au feuillage luisant, arbre si couvert de lierre que je les prenais pour des houx, autres de mousse si jolie, si verte comme chenille, au pied des tapis de pomerolles jaunes et blancs, lait et safran.

Page 48

Le commerce de Caudebec consiste principalement en grains, orge, avoine, froment. On s'y plaint que le blé est renchéri ainsi que par toute la route. Il valait, il y a quinze jours, dix écus. Le sac contenait six boisseaux. Il vaut 40^{lt}.

Caudebec m'a paru considérablement augmentée de maisons neuves. Elle tombait en ruine il y a dix ans.

---

[94] Nous lisons 'blattoit', ce qui n'aurait pas de sens.
[95] Avril: voir Ovide, *Les fastes*.

Du dimanche 2 avril

Superbe beau temps. Les toits sont couverts de gelée blanche.

Remarquer la différence de terre, habitants, habits de l'autre côté de la rivière.

À sept heures et demie, ayant payé mon souper d'un pigeon 3^{lt}, je descendis sur le bord de la rivière. Temps superbe. Vapeur blanche répandue sur le superbe canal. Bac de l'autre côté. Je fus l'attendre aux capucins et je vis le cours le força de redescendre jusqu'à nous. Je m'embarquai seul et nous traversâmes sur le champ la rivière. Nous en étions à peu près aux deux tiers lorsque le bac quoique rude échoua. ils en parurent effrayés dans la crainte que la barre[97] ne les surprît. Elle monte à dix heures et demie et il y a dans les grandes mers danger de la vie. Enfin nous nous dégageâmes.

Page 49

Je vis de dessus l'eau, à mi-montagne, petit calvaire au-dessous de la ville. Chemin serpentant plein de bonnes femmes à capote noire, voile blanc comme religieuses.

Je marchai le long des prairies inondées d'eau, quoiqu'élevées de plus de six pieds, chaque marée à présent les couvre, en remontant et gagnai le chemin de Vatteville.[98] Tout me parut différent. Terre sablonneuse. Petits arbres ainsi qu' hommes, chevaux. Femmes coiffées le voile en avant. Chemin bordé de houx grands comme des arbres. Buis épineux [mot illisible]. Arrivée à Vatteville. Grande lande couverte de petits génevriers, tous tourné du même côté ainsi que les arbres. Vent d'ouest les dirige. J'entendis un très grand bruit au loin qui semblait venir de la forêt de Brotonne[99] où j'allais entrer. C'était la barre. Je m'assis pour la voir passer. Je vis à un quart de lieue grosse et double lame qui mugit s'avancer comme une muraille.

J'ai mangé des grains de genièvre pour les vents.[100]

À Vatteville plus d'une lieue de faite.

J'entrai dans la forêt de Brotonne. Arbres gros. Hêtres blancs à feuilles jaunes. Bouleaux, leurs feuilles naissantes comme des essaims de mouches vertes. Multitude d'oiseaux qui crient à mon approche. Des buissons épars sur le chemin sortent ici noir, ici merle, pic-vert qui va se grimpant contre un arbre, corneilles

---

[96] Chiffre difficile à lire, lecture incertaine.

[97] Terme de marine. La barre du gouvernail, ou, absolument, la barre, longue pièce de bois qui sert à faire mouvoir le gouvernail (*Littré*).

[98] Vatteville-la-Rue est un petit village situé dans le département de Seine-Maritime, en région Haute-Normandie. Il appartient à l'arrondissement de Rouen et au canton de Caudebec-en-Caux.

[99] Nous lisons 'brossone' mais il s'agit de la forêt de Brotonne près de Vatteville-la-Rue.

[100] Bernardin veut sans doute parler de troubles digestifs.

de toute part, des cris de près ou loin. Les uns voix plaintives comme si on les eut maltraités, d'autres de coups de sifflet, d'autres heurter des cailloux, d'autres comme s'ils frottaient une lime sur du fer.

Page 50

Comme s'ils eussent voulu défendre l'entrée du bois comme dans la forêt enchantée.

Pendant une heure et demie je ne rencontrai personne du tout, me repentant toutefois de n'être pas mieux armé. Il y a fort peu de chênes.

Aux deux tiers de la forêt, grande coupe d'où j'aperçus plusieurs vallons et côtes toutes couvertes de forêts solitaires où planaient dans le silence les buses aux cris plaintifs. Ce lieu très triste et sauvage.

Je vis des moineaux et me doutai que j'allais sortir du bois. Petit garçon m'apprenant qu'il y a beaucoup de sangliers, de cerfs, chevreuils, quelques loups, quelquefois des voleurs. Arrivée à Ste Croix où je dîne avec des harengs fort salés et du cidre pour la première fois.

La forêt une lieue et demie.

De Ste Croix[101] au Pont-Audemer deux lieues. Le temps voudrait-il se brouiller ?

Comme je m'acheminais à pied, après avoir traversé la cour, j'entends une femme courant après moi et criant: « Mr, Mr » « qui y a-t-il ? » « N'avez-vous pas emporté l'écritoire ? » Je lui dis que non et dans le moment un envoyé de la maison confirma ce que j'avais dit. Cette écritoire valait bien trois sols. Je continuai mon chemin en pensant qu'on pouvait tout croire d'un homme qui allait à pied.

Je passai par Fourmetot.[102] Je remarquai que les terres étaient labourées par sillon d'une toise pour écouler les eaux et non pour leur donner plus d'air et les laisser reposer alternativement comme l'a sagement conseillé Mr Duhamel.[103]

Chemin faisant un petit garçon de douze ans chantait devant moi une chanson. Je le questionnai. On sait tout par les enfants de cet âge. Il était fin et rusé. Il m'a dit que son père était laboureur, s'il était riche, me demanda si j'en avais vu de riche. Comme il traversait un blé, je lui

Page 51

dis qu'étant fils de laboureur il en devait connaître le prix. Me dit qu'il n'avait pas encore la tête assez mûre pour l'être. Je trouvai sur la porte d'une masure 3 ou 4

---

[101] Sainte-Croix-sur-Aizier.
[102] Nous lisons 'Fermetot' mais il s'agit de Fourmetot.
[103] Bernardin fait sans doute allusion au *Traité de la culture des terres* publié par Henri Louis Duhamel du Monceau (1700–1782).

garçons dont l'aîné de dix ans n'avait qu'un bras. Le cocher du seigneur en badinant avec un fusil le lui avait emporté. Le seigneur l'élevait par charité. Par suite j'étais si altéré de mes harengs que j'entrai dans un cabaret pour boire du cidre. Cette liqueur ne m'a fait point de mal, rafraîchissante. Hommes habillés de brun, chapeau retapé, gilet blanc. Femmes ayant des voiles retroussés sur la tête, en cornette, plus de corset rouge mais des robes bleues.

Je me sentais bien fatigué. Il était 2 heures. Je vois un homme à pied, en uniforme de postillon. Il me dit qu'il s'était fait piqueur pour dresser des chevaux d'allure, que la bonté des chevaux dépendait de leur nourriture, que les bons du côté de Caen étaient de 25 louis, qu'il avait servi à Lisieux, que les meilleures auberges étaient chez Fontaine. Que je ferai bien au Pont-Audemer de prendre un cheval quitte que si j'en trouvais un de renvoi[104] pour Lisieux j'irais plus vite. Ce à quoi je me décidais intérieurement, mes pieds me faisant grand mal. Il me conta qu'il avait eu une querelle très vive avec son maître ce qui l'avait fait quitter. Sur quoi je lui dis que c'était bien, ayant à se plaindre du maître, de dire du bien de sa maison. Il me dit qu'il devait toujours dire la vérité.

Je vis au fond d'un vallon sur la ville avec beaucoup d'îles au-dessus et au-dessous divisés de longues haies. Quand je fus entré dans la ville comme je demandai quel commerce, un particulier me dit de plumes. Je croyais qu'on élevait beaucoup d'oies mais c'était des [mot illisible]

Réflexion sur les lois à réformer en Normandie. Quelle gloire que celle d'un législateur.

Page 52

Et que je vins à marcher sur son pavé de cailloux pointus. Chaque pas me faisait telle douleur que le sang m'en montait au visage qui était pourpre: correspondance des pieds à la tête. On m'avait dit pour surcroît que les chevaux se trouvaient au Pot d'étain à l'extrémité de la ville. Il fallut la traverser dans des douleurs inouïes. Ceux qui me voyaient disaient « comme ce M^r est fatigué ». J'avais mes forces mais plus de pieds. En arrivant, je demande un cheval quitte,[105] et pour me subvenir j'avale un peu de ma liqueur, faisant réflexion que si Caton ou Brutus dans ses courses a pu passer par le Pont-Audemer, je ne m'étonnai de ce que le peuple juif se révolta tant de fois puisqu'on le faisait voyager à pied. Ces réflexions à peine faites qu'on me dit: « voila votre cheval ». C'était un bel animal aux oreilles droites qui, dès qu'il me vit, sembla vouloir venir à moi. Dans la

---

[104] 'Envoi d'une chose à la personne qui l'avait envoyée. Renvoi de marchandises. Chevaux de renvoi, voitures de renvoi, chevaux, voitures qui s'en retournent ou qui devaient s'en retourner à vide' (*Littré*).

[105] Nous ne trouvons pas ce terme dans les dictionnaires — nous supposons que le sens est 'libre'.

cuisine je payai 3^{lt} 5^s pour faire les sept lieues de Lisieux à cheval en ayant fait cinq à pied. Je regardai à ma montre. Il était 4 heures. Mon cheval était excellent. Il semblait vouloir briser les cailloux dont les chemins étaient jonchés, heureusement, car je n'avais ni bâton ni éperon. Nécessité d'obliger de fournir les routes de bons chevaux, cruauté de les maltraiter.

Paysage uniforme, maison couverte de chaume avec une petite cour entourée de haies. Pommiers plantés par chasses[106] ou avenues dans les terres à blé. Chemins deviennent mauvais, raboteux, inégaux, pleins d'eau servant d'écoulement aux terres sans fossés.

Page 53

À Chapelle[107] à une lieue et demie je vis un très gros if tout raboteux n'ayant plus qu'une branche verte, semblable à un rocher caverneux et ne soutenant que sur 4 ou cinq chistes[?] Ce vieux arbre pouvait bien avoir vu Guillaume le Conquérant.

À 3 lieues et demie, on trouve Cormeilles[108] où l'on a reformé une abbaye de bénédictins, aussi au fond d'un vallon. Cette ville, pleine d'auberges. Police à faire sur les auberges. Le soleil se couche et je réfléchissais sur le plaisir d'observer sans être fatigué. Mon cheval hennissait à la vue de tous les chevaux. Vie de Tartare. Rencontré une jolie dame au mantelet dentelle. Passé Cormeilles, le chemin au bout d'une lieue devint très mauvais. Plus de crépuscule. la lune de trois juin levée. Il faisait froid. Chemin était bordé de l'osier de terre, planté d'arbres, obscurs, plein d'eau. Plus d'une lieue, ne sachant où aller, me dirigeant sur la lune, rencontrant beaucoup de paysans ivres. Quelques-uns me disent qu'il y avait encore une lieue et demie. Après avoir marché une heure, on me dit qu'il y en avait deux et demie. Inconstance des opinions populaires. Enfin après avoir vingt-deux fois manqué de me rompre le cou, j'entendis un chien japper. Joie. Fille qui chante chanson dont le sens est comme toutes celles qu'elle chante. Qu'il faut aimer , amour concorde [?], singulière condition pour adoucir la vie, d'en faire part à d'autres. Descente à l'auberge, tristesse dans le froid, l'obscurité. Je ne pouvais descendre à peine de cheval, me sentais saisi de frissons, comme l'âme participant du corps à quoi ne pas voir toutes ces réflexions. Bon feu, plaisir d'être libre, tranquille.

---

[106] Chemin rural (Louis Du Bois, *Glossaire du patois normand*, 1856).
[107] Sans doute La Chapelle-Bayvel.
[108] Cormeilles est une commune française située dans le département de l'Eure en région Haute-Normandie. L'abbaye Notre-Dame de Cormeilles était une abbaye bénédictine située à Cormeilles (commune actuelle de Saint-Pierre-de-Cormeilles) dans l'Eure, dans le pays d'Auge en Normandie. La plus grande partie de cet édifice est détruite en 1778, seuls subsistent le manoir de l'abbaye, les murs d'enceinte et le colombier.

Page 54

Mardi

Le lendemain mardi, je traverse Lisieux, ville sur la Touques, commerçante en frocs, lainage. Bien peuplée. Chanoines en capuchon de poil courant la ville. Mes effets arrivés la veille. Cheval loué 4^{lt} 4^s avec le petit garçon qui ne pouvait pas me suivre. Grand château en sortant de Lisieux. Je côtoyai la rive droite de la rivière en remontant sa source pendant 3 lieues jusqu'au château de Fervaques[109] appartenant au duc de Laval, situé au milieu du vallon. Tout ce vallon est formé de prairies appelées herbages. Je laissai le château sur la gauche et, par un chemin qui passe devant, je grimpai par un chemin raide la montagne, dirigeant ma route sur le soleil, demandant quelquefois ma route. Les maisons des villages, dans cette partie, sont entourées de haies n'offrant la plupart aucune issue sur le chemin dans les carrefours. J'étais embarrassé pour parler aux gens. Les Loges[110] sont à cinq quarts de lieues de Fervaques et à demi lieue de Livarot. J'arrivai aux Loges, dont la maison bâtie de briques rouges paraît sur la croupe de la côte. Ce vallon traversé au fond par un ruisseau. Le chemin très cailloteux et raide.

Petit vallon, herbage en bas, bois en haut. J'arrivai à la porte de l'enclos qui était fermée et si éloignée de la maison qu'il me fut impossible de me faire entendre, quelque bruit que je fis à la porte. Un petit garçon du voisinage me conduisit. Je laissai mon cheval chez un voisin et passant par dessus la haie j'arrivai, trouvant à table la dame, ses enfants et deux grandes et jolies sœurs ouvrières. Le maître était absent. J'appris que les bœufs dans ce pays passent tout l'hiver dans les herbages, quelque froid qu'il fasse ils cherchent naturellement l'abri des haies et du vent et la place où il se reposent est si chaude que leurs gardiens

Page 55

l'occupent lorsqu'ils ont froid, les font lever et s'y couchant ont une chaleur suffisante. Ces pâturages sont à mi-côte semés de pommiers, qu'on garantit jeunes de deux pièces de bois de peur que les bœufs ne s'y frottent. Leur sueur faisant venir à l'arbre une moisissure. *[Fin de la page du manuscrit de BSP]*

Quand ils sont plusieurs, ils se couchent en rond pour voir de toute part les veaux au milieu. Quand ils sont deux, se couchent la tête de l'un à la queue de l'autre, poursuivent et tuent les loups. La plupart viennent de Bretagne, quand se

---

[109] Commune qui est au cœur du pays d'Auge. Son bourg est à 10 km au nord-est de Livarot, à 13 km au sud de Lisieux et à 14 km à l'ouest d'Orbec. Le duc de Laval, Guy-André-Pierre de Montmorency-Laval (1723–1798).
[110] Sans doute Sainte-Marguerite-des-Loges.

rencontrent luttent pour s'essayer, après quoi vivent amis. Rouge et blanc quelquefois les mettent en fureur.

Aunes étêtés forment les haies. Troncs qui serpentent avec leur grosse tête forment des têtes de dragons.

On m'offrit dans la maison toutes sortes d'honnêtetés, le maître absent, nous fîmes après dîner, la promenade dans le clos dont les appartements très bien disposés. Le tout ouvrage du maître. Arbres plantés par lui, ouvriers formés, le tout avec un goût.

Deux petits lions fort mal faits étaient sur deux petits piédestaux, devant la campagne à l'entrée. C'était l'ouvrage d'un pauvre gentilhomme employé pour ses besoins, encore était-ce un art convenable à un pauvre noble de faire des lions.

Honnêteté de la maison. Le maître arrive le soir. Conversation sur les états de la vie. On parla d'anciens camarades de collège à Caen, les uns établis, d'autres ruinés. Ces idées me firent naître des réflexions sur ma propre fortune, moi qui n'avais, ce me semble, rien négligé d'honnête pour la faire. La providence m'aurait-elle donc abandonné? Mais ai-je manqué de quelque chose jusqu'ici? Si j'étais riche, je n'aurais qu'un petit nombre de sensations. Pour moi le soin de mes enfants, embarras de l'avenir, passions de toutes sortes, soin de terre, embarras de l'avenir, procès, maladies.

Page 56

au lieu que je n'avais été obligé ni de nuire ni de tromper. Que par ma position, mes jouissances s'étendaient à tout, que je jouissais de tout. Toutes les parties de la nature réservées à mon observation comme spectateur, que j'avais vécu dans la classe du petit nombre d'êtres qui, par leur liberté de tout état et la dispostion d'un esprit formé par l'adversité, pouvaient jouir de la nature sans être troublés de discorde de la société, dire la vérité sans intérêt, et à qui il était toujours de l'intérêt d'être vertueux. Enfin que celui-ci était laboureur, officier que moi seul me semblait mener une vie d'homme. D'ailleurs, combien étaient morts, combien malheureux par leur fortune? À quoi pouvais-je employer mieux ma jeunesse? Je pouvais me jeter en tout temps avec quelque confiance dans le sein du père universel et voyager sur la terre comme devraient faire tous les hommes. À moi seul, tout ce que faisait[111] les autres et surtout la nature était destinée jusqu'à ce qu'il plût à dieu me donner repos, une terre et une famille pour y mener une vie heureuse, semblable à celle que je voyais.

J'avais vu à côté d'une chambre, qu'on m'avait destinée, un cabinet où il y avait un lit et une fenêtre à côté sur la prairie et le coteau. Je le demandai. Le maître ordonna qu'on fît le lit dans les deux chambres afin que je pusse choisir. Je me couchai dans le petit où je dormis assez bien.

---

[111] Au singulier dans le manuscrit.

Du mardi 4

Au lever du soleil, je vis la campagne couverte d'une gelée blanche. Eau d'une pièce d'eau, formée d'une fontaine, si claire que je vis nager à plusieurs pieds des perches et des carpes au fond.

Page 57

Le maître sortit encore pour affaire. Il s'occupait à apaiser des procès. Consulté par ses voisins sur des plantations, sur leurs édifices. En s'établissant il avait éprouvé des paysans de mauvais tours jusque là qu'il vit lui-même un d'eux donner sur la jambe de sa jument un coup de faux mais à force de bienfaits, il s'en était fait aimer, et forcé les gens qu'il aurait pu perdre à se repentir. Il aimait ainsi que sa femme ses enfants très tendrement. Le soir, après souper, on joua au propos interrompu[112] avec ses deux grandes filles pleines de gaîté et jolies, avec tant de familiarité et d'honnêteté de toute part que, qui les aurait vus rassemblés, n'eut su dire quel était le maître, les étrangers ou enfants de la maison.

nota. qu'à Livarot ils écrèment leur lait avant d'en faire des fromages. Ils le font tiédir, ils mettent de la présure pour le cailler, le jettent dans des clisses ou moules, les salent, puis font une pâte d'ocre et de sel pour leur donner une côte rouge. Les Hollandais emploient à cet usage les lies de vin pour ceux qui ont la côte rouge, lies du cidre pourraient y être employées.

Poirée, jus de poires. On en faisait entrer il y a quelques années jusqu'à cinq milles bariques à Paris dont on faisait du vin. Les aides s'en aperçurent, l'entrée en fut défendue.

— de Paris à Poissy.................5 lieues à pied
— de Poissy à Treil.................1 lieue   "
— de Treil à Rolleboise............1   "   "
— de Treil à Bonnière..............7 lieues par galiote
— de Bonnière au Roule............6   "   par batelet
— de Roule à Port St Ouen........6 lieues à cheval
— de Port St Ouen à Rouen.......2 lieues à pied
— de Rouen à Tôtes.................6   "   "
— de Tôtes à Dieppe.................6   "   "
— de Dieppe à Ouville...............6   "   "
— d'Ouville à Caudebec............5   "   "
— de Caudebec à Pont-Audemer......5   "   "
— de Pont-Audemer à Lisieux......6 lieues à cheval
— de Lisieux aux Loges............4   "   "

Total: 66 lieues dont 37 à pied et 29 à cheval et bateau.

---

[112] Jeu de société dans lequel on prend la question d'un côté et la réponse d'un autre.

Page 58

Du mercredi 5

Joueurs de loterie, fripons que la police devrait interdire.

Nous fûmes, dans l'après-dîner, le maître de la maison et son fils aîné, faire une promenade à une lieue aux environs de St Ouen. Chemin faisant, nous trouvâmes une musaraigne, espèce de petite taupe au museau pointu, animal de la grosseur d'une souris. La morsure de cet animal passe à tort pour venimeuse, sa petite gueule placée au-dessous de son long museau lui permet à peine de mordre autre chose que des herbes. Mais les veaux qui tombent malades à l'arrière- saison par la transpiration arrêtée pour avoir couché dans une humidité froide, crus mordus de la musaraigne. Expériences ont prouvé le contraire.

Houx frelon semblable à un buis, chaque feuille terminée dans une épine produit sur un beau vert de grosses graines d'un rouge d'écarlate, singulier en ce que le fruit croît sur la feuille. Très beau pour faire bouquets d'hiver.

Chant du coucou, arrivée du printemps, vient avec le rossignol. Coucou espèce de primevère d'un beau jaune et odeur de safran, marqué de point rouge. Enfants en font de très jolies pelotes qu'ils s'amusent à jeter en l'air.

Nous vîmes dans cette partie plusieurs landes couvertes de genest et genévriers. Terre mauvaise.

Nous vîmes un paysan dans son clos avec sa bêche creusait un trou. Une jeune vache couchée sur le flanc de la colline prodigieusement enflée. Morte, dit-il pour avoir bu de mauvaises eaux.

Femme seule, malade avec une poule son lit et à qui on va demander le chemin. Bonheur des gens riches. À St Ouen, position intéressante, fontaines, eau vive, fond du vallon à l'ouest. Femme malade de son sein percé, nourrissant un gros enfant de l'autre. Tout n'est pas plaisir et dissipation à la campagne.

Moutons bruns dont la laine est recherchée par le peuple

Page 59

parce que la teinture est toute faite.

Laine assez belle dans les environs servant aux draps. Si on les pouvait parquer comme les bœufs. Possibilité de faire des enclos impénétrables aux loups. *[Fin de la page du manuscrit de BSP]*

On porte de ce pays à Paris. Quantité de volailles, d'œufs.

Des nourrices y vont chercher des enfants. Paris, grand arbre dont les racines s'étendent dans toutes les provinces.

Ce pays est couvert d'enclos où les paysans pénètrent par de petits passages à travers les haies ou par de petites échelles appelées échaliers.[113] Il faut souvent les franchir.

---

[113] Petite échelle placée contre une haie et servant à passer par-dessus (*Littré*).

Houx femelle qui n'a que peu d'épines a sa feuille presque unie. Houx frelon s'élève peu. Jeux le soir dans la maison.

Du jeudi 6

Ce pays facile à défendre par des troupes légères et chasseurs, mieux résistant que les fossés et digues et retranchements du pays de Caux. Cependant vallon, d'un paysage difficile.

Maison garnie en papier, mauvaise économie, se déchire. Femme et demoiselle devraient retourner aux tapisseries qui parent si noblement , qui occupent si agréablement. Tant de fabrique sous un luxe apparent, papier froid, passager ôtent à une infinité de maris économes et pauvres l'occupation et jettent les riches dans l'oisiveté.

Je reçus des lettres de ma sœur et d'Alembert.[114]

Du vendredi 7

Écrit plusieurs lettres.[115]

Dans la plupart des vallons, on remarque une arrête au flanc des collines où les eaux ont dû couler plus fortement ou plus longtemps.

Page 60

Du vendredi et samedi 7 et 8

Je vis tirer des choux pommés très bien conservés dans la terre du jardin où on avait enfoui la plante tout entière, et ce depuis le mois de novembre. Invention très utile pour les vaisseaux. Pommiers dont les fruits très acides se conservent 2 ans . Ils restent tout l'hiver à l'arbre.

À quarante ans, espérance en dieu diminuée, moins d'ardeur. Le temps des espérances passé. Quoi il n'est pas arrivé? Suis-je au port? Tant de maux évités, la vie pour tous n'est-elle pas un combat? Que sont donc les plus heureux? Valent-ils mieux que moi? Qui, à la fin, aura le mieux joué son rôle et sera le plus content, le plus heureux.

En frottant devant le feu la semelle des souliers, en les imbibant, on les fait durer très longtemps.

J'ai vu du bois pétrifié par la source.

Ruisseau du doigt du loup ou ruisseau des loges.

---

[114] Très probablement la lettre du 30 mars 1775, BSP_0726.
[115] Nous ne possédons pas de lettres dans la correspondance qui portent cette date.

Dimanche 9 Pâques fleuris

Je fus à la messe paroissiale à l'église située à un petit quart de lieue, près d'un coteau où il y a des carrières d'où l'on a tiré des pierres. Le paysan m'a paru mieux étoffé et de meilleur tempérament qu'aux environs de Paris. La dame emmena dîner avec elle une petite fille d'une naïveté singulière. Elle était jolie, disait à table, donnez-moi de ça, je ne mange point de ça, n'aimait point sa sœur. Quand on lui demande si elle était jolie, oh elle est blonde dit-elle. Éducation combien influe sur les enfants, avait pris toutes les manières des paysans, tenait son couteau.

Page 61

Bon mouton dans ce quartier vaut 24^{lt}. Bonne vache vaut cent francs jusqu'à cinquante écus et rapporte depuis cent jusqu'à cent 150^{lt}. Bon bœuf vaut …

Une bonne vache rend douze pots de lait par jour et au-delà. Depuis huit jours les vents sont au nord-est et depuis quatre ils chassent une quantité prodigieuse de nuages qui s'avancent et doivent avoir gagné l'Afrique. J'ai lu dans je ne sais quel traité de physique estimé que les nuages ne vont pas si vite, à beaucoup près, que le vent et que leur cours n'est pas plus de quatre lieues à l'heure. Cependant sur mer j'ai vu souvent le vaisseau chargé d'un grain de larine[?] faire cinq et six lieues à l'heure, le nuage le dépasser très rapidement et ne pas tarder à être à l'extrémité de l'horizon. J'évalue la vitesse des nuages à …

La nature actuellement comme un vaste feu d'artifice. Boutons entr'ouverts, pièces toutes prêtes à partir, gerbes, pots à fleur, soleil, longues fusées.

Lundi 10

Je fus conduit par le fils de la maison chez une dame de leurs amies demeurant à demi lieue de Livarot appelée M^{de} Dussaussoi. On trouve à mi-chemin un chêne renommé appelé les cinq frères. Ce nom me plut. C'est un tronc divisé presque dès le pied en cinq grosses trousses. Bonne coutume de donner des noms agréables et sensibles à tous les pays. Heureuse grâce dont les 4 arbres rappelaient quelques traits de grandeur, d'humanité. Ici verriez là telle jeune fille, ici telle action s'était passé, au lieu que chez nous cette terre est en deuil, cet autre a été pillée, celle-là toujours quelque histoire scandaleuse.

Page 62

Tableau de la côte voisine. Toute sillonnée de haies. Verdure du fond. Température plus avancée. Portrait d'une jeune femme philosophe, son mari officier en corse. Nous nous mîmes à table. Cimetière vis-à-vis. Cinq ou six fosses toute fraîches, fièvres pourprées à Livarot, commençant par des maux de tête, puis de gorge, remède rafraîchissant. Pendant le dîner, je vis un petit enfant avec un bissac s'agenouiller, d'autres venaient prier au pied d'un if, triste vue.

Conversation amusante, pauvres très nombreux à Livarot. On remarque qu'ils ont augmenté, plus communs dans les pays de pâturage parce qu'il y a moins de moyens d'employer les enfants. La culture demandant moins de soins, nécessité d'y pourvoir.

Vache rend au moins 12 pots de lait. On les traite trois fois par jour.

Pied du bœuf laboure la terre, la rend plus fertile là où il se repose, terre s'engraisse ainsi que de son fumier. Celui du cheval qui rumine moins resème les mauvaises plantes. Pauvres, dans les temps de famine, ont vécu de l'espèce de carottes sauvages, de feuilles d'orme bouillies.

Grosse fourmilière en Normandie dans les bois bâtis en cone de près d'un pied tout couvert de mousse comme celle de l'Amérique.

Page 63

Tout vous est prêté ainsi que la vie. Ce serait toujours un bienfait d'avoir reçu l'ordre, l'arrangement, la vie, les corps organisés. Dieu doit être aimé. Mal nécessaire. Bien ne l'étant pas, nous ne savons pourquoi nous existons, mais nous voyons pourquoi le mal est nécessaire. Impossible d'ôter aucun mal et nous concevons très possible qu'il n'existait ni la vie, ni l'homme, ni le soleil. **[Fin de la page du manuscrit de BSP]**

Religieux de La Trappe aiment-ils dieu ou le craignent-ils?[116] L'adorer par des fêtes, il a tout fait bien, les maux, les frayeurs sont les pièces nécessaires à la vie. Nous ne jouissons que quand nous sommes avertis. Les êtres périssent en détail avec des modifications de la nature, la peur, l'extrême douleur, l'assoupissement ôtent aux uns le sentiment, les désirs mais les générations se succèdent. Les peuples ont vécu, joui de leur sens, de leur vie, se confier en dieu seul et faire le bien à son imitation car il n'appelle le mal que pour éviter un plus grand mal.

Alleluia,[117] plante trouvée sur un tronc d'aune. Les coucous la mangent. C'est une trèfle formée de trois cœurs assemblés par la pointe et forme un triangle étant plissé ainsi[118] Sa fleur blanche semblable à la violette.

Ouvriers payés 20 ^{s} par jour, ou six sols et nourris. La nourriture par jour 3^{lt}, de pain à 3 ^{s} 9^d, un pot et demie de cidre à 2^s le pot d'où l'on voit que l'argent

---

[116] Plus tard dans ce voyage Bernardin va s'arrêter à La Trappe située à Soligny-la-Trappe. On s'étonne qu'il évoque les religieux à ce moment vu qu'il en parlera plus tard — les pages sont-elles dans le bon ordre?
[117] Petite plante dont les feuilles ont un goût aigrelet et qui fournit la substance nommée sel d'oseille. L'alleluia est ainsi appelé parce qu'il fleurit vers le temps de la fête d'alleluia. On dit aussi surelle, pain de coucou, oseille de bûcheron (*Littré*).
[118] Ici Bernardin a dessiné cette fleur.

donné aux ouvriers n'est pas proportionné avec le prix de la nourriture. La viande vaut 5 ^{s} la livre.

Le mardi 11

Je fus chercher avec le ch^{er} du houblon le long du ruisseau. Nous en trouvâmes chez le meunier dont la femme et les enfants nous en offrirent et en cueillirent . En repassant à travers une cour un jeune et pauvre paysan d'une figure intéressante vint à moi et me dit que vous êtes gentil et caressant mon habit. Il était fou. Ce jeune

Page 64

homme avait eu la fièvre pourprée au milieu de l'hiver et tout nu grimpait dans les arbres en a bien que

Pourpre et maladies fort communs à Livarot.[119]

M^{de} Dussaussoy vient nous voir en habit de cavalier où elle est fort bien. *[Fin de la page du manuscrit de BSP]*

Du mercredi 12

Le temps s'adoucit. Pommiers dont les boutons comme grains de rubis. Délicatesse d'esprit semblable à celle du corps. La solitude la nourrit ainsi que le défaut d'exercice. Celle-là nécessaire à la vie de l'homme de jouir de tout, se faire à tout.

Gentilshommes, la plupart oisifs, querelles, médisance, nécessité de les occuper et moyens.

Le pommier plus petit, ses branches plus horizontales; le poirier plus élancé, ses branches plus perpendiculaires, fleurit avant.

Eau de vie, 10 tonneaux de cidre ou de poiré[120] donnent un tonneau d'eau de vie, celle-ci blanche, celle-là jaune, se vendent 28 ^{s} le pot.

Je me livrai à de tristes réflexions sur les amis, leur inconstance. Je me recommandai à dieu et pour bannir mon souci, je fus fendre du bois comme les jours précédents.

Sur 600 communiant aux Loges 150 pauvres, beaucoup plus à Livarot.

Pays d'Auge nommé dit-on de ce qu'il est divisé de vallons en forme d'auges.

Comme j'allais promener avec Mr de Monpinçon, arrive à pied un jeune homme habillé de rouge appelé M^{quis} de Lupé, ancien seigneur de la terre de Livarot.

---

[119] La lecture de ce passage est incertaine.
[120] Boisson fermentée faite avec des poires (*Littré*).

Histoire de M^r le marquis de Lupé.

Une veuve d'un habitant très riche appelée M^{de} de Ponto épouse de Mr Doussire, commandant. Elle repasse en France avec lui et un fils qu'elle avait eu de son 1er mariage. Ils achètent la terre de Livarot. Faste effroyable: chiens, chevaux. Un intrigant appelé Mr de la Tour du Roy lui fait épouser sa fille sans fortune au fils de la maison qui avait 50 mille écus de rente.[121] On le met dans les gardes, fête, réjouissance, malheur arrive. Argent pris à intérêt à

Page 65

payer, commissionnaires infidèles, Mme Doussire se sépare de son mari. Mr de la Tour du Roi craignant la dissolution totale de leur fortune engage sa fille à se faire séparer de son mari pour avoir les 100 mille écus de dot. Il obtient une lettre de cachet pour mettre la mère dans un couvent. Abbé aide. Lettre de *[Fin de la page du manuscrit de BSP]*
cachet levée. Fait interdire le fils pour avoir la gestion de sa vie. La Tour du Roi condamné à 20 mille livres d'amende envers les enfants trouvés, sa fille refuse de rejoindre son mari qui avait déshonoré son père. Celui-ci veut enlever une fille dans un couvent enlevée au château de Doulens. Devient joueur obligé de quitter les gardes français, créanciers à payer. Fourmis achèvent de ruiner ses habitations. Comparant ma vie à la sienne, je me trouve plus heureux. Ses maux venus de ceux dont il devroit attendre son bonheur.

Il y a une classe d'hommes, si avides , si durs qui croit que le peuple est fait pour lui obéir, le roi et ses ministres pour avoir des égards pour elle, si inutile en même temps, que le plus grand bien que le peuple puisse désirer soit que la lumière et la puissance du roi augmentent, afin de n'avoir qu'un maître.

D'un autre côté, cette classe d'hommes parle si bien de patriotisme, si ennemie de la tyrannie, parle si bien de la vertu, de désinteressement qu'il semble que le peuple devrait désirer l'état républicain pour avoir un sénat respectable. Pouvoir étrange de l'opulence qui met le cœur si dur et la parole si facile, plus difficile à supporter à l'homme que l'adversité.

Couple de bons moutons dix écus.

Du jeudi 13

Je vis les pressoirs. Le cidre se fait de pommes écrasées dans les rainures d'un grand cercle qu'un seul cheval fait tourner dans des auges circulaires, où l'on fait tourner deux grandes roues qui les écrasent. On porte le marc dans un pressoir.

Le pain vaut à Livarot 2^s la livre, la viande 5^s.

Compensation singulière de ceux qui n'ont point de terre et

---

[121] Le nom de la mère de Virginie dans le roman, *Paul et Virginie*, est Madame de la Tour.

Page 66

de ceux qui en ont. Pour ceux-ci. Procès, jalousie, chasse, envie, pour les autres ombrages frais,

vallon: troupeau, paysans, douce image qui s'évanouissent pour le possesseur.
[Fin de la page du manuscrit de BSP]

Le Sr Ponto était venu emprunter de l'argent du Sr Gaussec. Gaussec, banquier, seigneur de Livarot.

Je fus voir M^{de} Dussausoi, croyant devoir une visite d'honneté à qui m'avait invité. Le bruit courait que les maladies augmentaient chaque jour à Livarot. Il faut exercer son courage en différents genres. Car enfin, si mon ami était dans le mauvais cas, si mon devoir m'obligeait de secourir un peuple.

Cette dame, comme je l'ai dit, demeurait vis-à-vis de l'église séparée par la rue du cimetière dont 7 huit fosses paraissaient fraîchement faites. Pendant notre conversation, j'ai vu les préparatifs d'un enterrement. Vu défiler par une cavée un cercueil à la hauteur des haies porté par 4 hommes sur leurs épaules. Un prêtre devançant en psalmodiant à voix basse. C'était la fille d'un charbonnier. Je suis retourné au coucher du soleil. Cette maladie, fort commune en Normandie ne viendrait-elle pas de la crudité ou pourriture des pommes dont on fait le cidre comme je l'ai vu. Ne devrait-il pas y avoir des ordonnances pour ces boissons ainsi qu'en Bretagne où j'ai vu leur sarrasin tellement ombrager des pommiers qu'à la fin de l'automne ces maladies se manifestaient. Ne viendrait-elle pas d'eaux stagnantes dans les voisinages, des fumiers croupissant dans les cours? Il devrait y avoir un ministre, tribunal et inspecteur d'agriculture comme il y en a de commerce, de marine , de guerre. Celle-ci est la mère nourrice. Les médecins en réchappent peu. Ils les saignent. J'ai rencontré, en retournant, un homme qui m'a dit que sa femme et deux de ses enfants avaient réchappé parce qu'il n'avait pas voulu qu'on les saigne. Saignée n'est point un remède indiqué par la nature. Diète et repos conviennent à l'homme malade. Nourriture et exercice à l'homme sain.

Page 67

Les clôtures coûtent beaucoup de réparations. Elles sont faites en partie de bois sec, mais beaucoup d'aune qui croît vite, de coudrier. Les meilleures sont faites de houx qui sont impénétrables au loup, toujours vertes, toujours touffues. mais ce bois aime à se ressemer de lui-même. Il aime les lieux cailloutoux. On pourrait donc lui faire un fossé rempli d'un terrain convenable. [Fin ***de la du manuscrit de BSP]***

Note sur les frères de charité qui vont dans les lieux malsains. Religion plus puissante que la philosophie qui fait faire au peuple ce que l'autre n'inspire qu'aux âmes élevées. Si cependant la religion n'est pas une philosophie et la philosophie une religion puisque le but est de plaire à dieu en faisant du bien aux hommes.

Nous parlions, M^de Dussaussai et moi de l'amitié dont les femmes sont susceptibles et lui citais l'amie de ma sœur à ce sujet. Elle m'a raconté qu'elle avait connu à Caen, dans un couvent, deux demoiselles. La première appelée …, l'autre …[122] La première avait une frayeur extrême de la petite vérole et elle avait dit plusieurs fois que si elle l'avait, elle en mourrait. Son amie était allée passer en campagne quelque temps. Elle tomba malade de la petite vérole. Son amie qui l'apprend revient pour la soigner. Comme elle entrait en convalescence, son amie prend le mal et en meurt. La première frappée du malheur de son amie meurt de regret après avoir échappée au mal.

Du vendredi 14

Nous mîmes à sec le ruisseau en le faisant passer dans un autre canal afin de le pêcher. Nous y trouvâmes des petites truites et des cabots.[123] Sur les poissons de très petits lépas en quantité, un insecte ou tania[?] aquatique fort singulier. C'est un ver qui a des pattes et qui s'enferme dans un étui formé de morceau de bois ou de petits cailloux qui se rapportent comme de la marqueterie par leurs angles comme les teignes qui s'enveloppent de laine.

Quant aux lépas, de la grandeur d'une tête d'épingle, j'observerais, quant à leur petitesse, que les poissons sont proportionnés

Page 68

à la grandeur du volume d'eau où ils vivent, ce qui ne paraît fondé sur aucune raison connue, puisqu'un petit lépas a autant d'eau dans un petit ruisseau toujours coulant qu'il en a dans les eaux du détroit de Magellan où il devient gros comme un grand verre à liqueur. *[Fin de la page du manuscrit de BSP]*

Nous trouvâmes aussi des chevrettes.[124]

Qu'il est très vraisemblable que ce sont les poissons de bocaux qui ont peuplé les rivières comme les animaux du continent ont peuplé les isles, que l'on trouve dans les rivières des deux hémisphères, le lépas, la moule, l'huître, la chevrette, l'écrevisse, anguilles.

Pépinière de pommier de 8 à 10 ans se vendent 15^s.

Pommes de deux sortes pour faire le cidre, douces et amères. Les pommes aigres n'y sont pas employées. Cidre se fait deux fois par an en août avec pommes hâtives est le moins sain. En octobre est le plus sain. En Angleterre ne le boivent qu'au bout de 2 et 3 ans. En Normandie, se garde peu, ce qui vient des pommes pourries non mûres, cause de maladie, quantité préférée à la qualité.

---

[122] Il y a des blancs dans le manuscrit.
[123] Petit poisson de rivière à grosse tête. (Louis Du Bois, *Glossaire du patois normand*, 1856).
[124] Petite écrevisse de mer appelée plus souvent 'crevette'. (*Littré*).

Dans les herbes fluviatiles on reconnaît beaucoup d'espèces marines. J'appelle herbes fluviatiles celles qui ne s'élèvent point au-dessus de l'eau, qui appartiennent à la terre où elles poussent des racines, étant en quelque sorte des herbes de rivage comme roseaux, cresson, lentille, pourprier, belle menthe. Aunes semblables par leurs racines rouges et jetées çà et là aux mangliers. Mais celles qui ne s'élèvent point au-dessus comme filament vert et cette espèce qui s'attache aux rochers. Toutes celles donc qui croissent dans l'eau des rivières viennent dans la mer.

Ce ruisseau pétrifie des espèces de pierres formées en larges cornets évasés. Nous en trouvâmes plusieurs de la même forme contenant une demi-pinte au moins. Une femme du village en avait ramassé une douzaine dans lesquelles elle donnait à manger à ses poules. La mer pétrifie aussi. Ce fond médiocre ne produisait que des mousses, prêles, fougères, chardon à force de les essarter[125] avec petits outils et de les brûler. Excellent engrais.

Page 69

Mr de Harquoise s'étant brûlé approche son doigt de la chandelle et la brûlure fut guérie. Remède singulier. Les ch^{er}[?] a trouvé[126] que les mouches communes au mois de septembre ont toutes du sucre dans le corps. C'est une munition[?] pour l'hiver.

Du jeudi

Dîné avec sept laboureurs venus pour affaires. Promenade après dîner au-dessus du moulin dans le jardin d'un particulier appelé Janvier. Sur le milieu, du côteau exposé au midi. Je n'y ai rien remarqué de particulier sinon que l'escarpement de marne est recouvert de peu de terre végétale au-dessus. Que le caillou dont il est rempli est tendre et se casse aisément ainsi que la marne, tandis que les couches plus profondes forment avec le caillou des amalgames de pierre dure propre à bâtir ce qui semblerait dénoter que ce sol est plus ancien que celui qui est le long de la mer.

Nota. Que le long du ruisseau des Loges, il tombe plusieurs sources ferrugineuses et que toute cette partie de la Normandie en est remplie.

Mes vents de l'estomac me tourmentent beaucoup. Je me résolus d'essayer de prendre le lendemain 3 grains d'hémétique. La journée fut très belle, un peu froide.

---

[125] Arracher le bois, les épines d'une terre pour la défricher; essarter des bois, les éclaircir en arrachant les sous-bois et les épines (*Littré*).
[126] Le verbe est bien au singulier mais on lit bien 'les'; le mot qui suit est abrégé: 'chercheurs', peut-être?

Page 70

Du vendredi 21

Je pris successivement dans trois gros verres d'eau tiède les trois grains. M. de Marguerie m'apporta lui-même le troisième. Ils me firent faire des efforts inutiles et me mirent pendant plusieurs heures dans un état de faiblesse et d'anxiété. Ma vue se troubla pendant plus d'une heure. Enfin le remède agit par bas.

Nous apprîmes que le domestique de M^{de} Dussaussoi avait la maladie de Livarot. Ce mal est très contagieux.

À considérer tous les maux de la vie, de la société, du passé, l'avenir, l'esprit se fourvoie dans des réflexions malheureuses dont la raison ne pourrait se tirer non plus qu'un cheval faible d'un mauvais chemin. Mais une musique, un repas, un beau soleil vous dissipe ses réflexions. Le plaisir est une bonne philosophie.

Samedi 22 après-midi

Petite pluie fine par grumeau très féconde. Quand on voit tomber ces pluies on dit qu'il avrille.[127] J'ai vu ce matin des chênes avec des feuilles naissantes. Le hêtre doit en avoir. Boutons de chênes comme grains de froment. Ceux du hêtre comme longs grains d'avoine. Le noyer et la vigne vont avoir des feuilles. L'érable commence à entrouvir ses boutons.

Après la pluie nous sortimes. Tout avait reverdi. On voyait sur le côteau briller parmi les bouleaux et le coudrier vert les tiges fleuries du merisier. Une pluie fine comme grumeau avait tombé. Vapeurs légères s'élevaient lentement au pied de sombres sapins qui couronnaient les côteaux. Sur la droite du bois une bruyère rousse traversée d'un sentier d'un vert argenté. Graines de fleurs de pommiers rouges comme rubis. Sur leurs bouquets verts les pommiers du bas du ruisseau où il n'y a pas de mousse est un sauvageon. En effet j'ai remarqué que cette longue mousse grise n'est point sur les troncs des autres qui sont sauvageons mais il y en a par plaques blanches, noires.

Sans suite[128]

Page 71

Je disposai tout pour mon départ le lendemain. Le ciel était beau, serein malgré les invitations du maître de la maison et de la maîtresse qui m'engageaient de passer avec eux la mauvaise vingtaine.[129]

---

[127] On lit 'aville' mais Bernardin veut dire 'avrille': Il tombe une pluie fine et tiède comme en avril. [Louis Du Bois, *Glossaire du patois normand*, 1856]
[128] Ces deux mots écrits par une main étrangère.
[129] Plus tard Bernardin expliquera cette expression à sa seconde femme: 'Le temps est rude ici, mais il accompagne tous les ans la fin mars et le commencement d'avril; c'est ce qu'on appelle en Normandie la mauvaise vingtaine'. (BSP_1761, 30 mars 1805)

Du lundi 24

Je me levai à 6 heures et demie et je vis qu'il avait plu et que le temps était encore disposé à la pluie. Partie remise pour aujourd'hui. La moitié des forêts est verte, le reste est brun. Il y a quatre jours il n'y en avait pas le quart. Chaque jour ajoute aux beautés de la nature. C'est le retour d'une convalescence. Le retard d'un jour rendra une tapisserie plus verte. Chaque arbre aura des feuilles et toute sa beauté.

Le temps se mit au beau l'après-midi. Tout est en amour. Bruyères poussent leurs bourgeons roux. Chants confus des oiseaux aux bois. Bœufs se poussent de la tête. Pigeons roucoulent. Gaîté de la nature. Petit maréchal[130] insecte qui frappe trois ou quatre coups comme qui enfoncerait un clou. Genêt poussent.[131] Il y a encore beaucoup de gris dans les bois de loin, mais de près il n'y en a point qui ne donne de petites feuilles. Les moins avancés sont les chênes, les hêtres, les frênes, l'érable. Cependant j'ai vu de petites feuilles à plusieurs individus. Le noyer n'en a point encore.

La femme du bedeau de la paroisse des Loges devenue folle pour avoir entendu prêcher une mission, se croit condamnée, reste couchée. À toujours la tête tournée vers la muraille. Missionnaires devraient prêcher une religion consolante. Assez de maux dans l'avenir sans effrayer par ceux de l'avenir.

Curé des Loges appelé Mr Bonté, charitable. Va chez une pauvre femme couchée depuis plusieurs jours sans pain. Son fils qui était allé quêter avait couru sans revenir. À son retour sa mère lui reproche son insensibilité, l'enfant fond en larmes.

Page 72

Du mardi 25

Le temps était beau. Après avoir déjeuné et fait mes adieux, je partis accompagné du fils de la maison. Faisant route comme l'on dit ici vers les neuf heures du matin c'est-à-dire vers le sud-est. il me laissa à Buleau[132] à une lieue de là. Ensuite je descendis seul à Moutier Hubert[133] à travers la forêt de bouleaux et des hêtres. Je traversai le vallon qui est agréable et montai sur la hauteur où est une grande lande de bruyère. Avant d'arriver à Buleau, le seigneur d'un endroit où nous passâmes laissait les siennes en friche parce qu'il en était dégoûté. Réflexions sur les landes. On se portait bien à Moutier Hubert, de là à Meule,[134] une lieue. Plaine

---

[130] Nom vulgaire du taupin, insecte (*Littré*).
[131] Ainsi dans le manuscrit.
[132] Il s'agit soit de Belleau soit de Bellou, tous deux situés dans la commune du Livarot.
[133] Aujourd'hui Les Moutiers-Hubert.
[134] Aujourd'hui Meulles, petite commune dans le département actuel du Calvados.

et mauvais pain. À Meule la maladie de Livarot règne. Points de côté, maux de gorge. J'ai fait deux lieues et demie.

Après-midi

Il faut aller aux Augerons en passant par Familly, Bonneval puis la Goulafrière on compte 2 bonnes lieues.

Dans toute la partie depuis Moutiers-Hubert c'est une plaine où il n'y a ni source ni rivière. J'ai bu de fort bonne eau de puits creusé dans la marne à Meulles à 20 brasses de profondeur, il s'y trouva 10 de hauteur.

La maladie de Livarot a enlevé aujourd'hui une fille. Trois sont morts.

Sortant de Meulles et demandant le chemin de Bonneval, j'ai vu dans une petite maison un vieillard fort âgé. Je lui ai demandé son âge. 83 ans m'a dit-il en propre terme 'c'est trop, c'est trop sur une terre où l'on n'a qu'à souffrir'.

Le monde va de mal en pire.

Page 73

Je n'ai plus de jambes. Ne verrons-nous donc point finir nos misères qui durent depuis si longtemps. On dit tant de bien du roi.[135] Une femme vieille qui filait, et une petite fille très jolie du voisinage. J'ai remarqué plus d'une fois que l'âge rendait les hommes de tout état égaux et leur donnait des expressions simples et justes en les guérissant à la fois de la grossièreté et de la vanité.

À une lieue de là, j'ai descendu un vallon et j'ai vu sur le revers de la montagne le clocher de Bonneval au pied duquel j'ai passé. On fabrique dans toute cette partie des frocs et j'ai vu un fabricant chargé d'enfants. Le peuple me paraît très honnête.

À une demi-lieue de là, descendu un autre vallon plus aride où il n'y a guère que des bruyères et de mauvais bois taillis. Cependant à quelques pièces cultivées dans la bruyère et à de grands sapins on pouvait voir que la terre était bonne.

J'ai continué ma route étant foulé du pied gauche qui me fait souffrir à chaque pas.

Je suis arrivé à demi-lieue de là aux Augerons,[136] village où il y a deux médiocres auberges. J'ai logé à la Croix blanche où l'on attendait les messagers et les marchands d'Alençon qui portent de la graine de trèfle à Rouen.

On m'a fait à souper de bonne heure. Je souffrais beaucoup. On n'a pu me donner du papier brouillard et j'ai délibéré si je me servirai pas d'une partie de la carte de Normandie qui étant cause de mon mal, devait contribuer à ma guérison.

---

[135] Louis XVI est roi depuis un an.
[136] Aujourd'hui, Saint-Denis d'Augerons, petit village dans l'Eure.

Temps admirable tout le jour. Un peu chaud surtout pour moi, très chargé et si chargé qu'en vidant mes poches, ma canne, chapeau, grand couteau de chasse, papier, une table de plus de dix pieds en était couverte.

Page 74

Quel charme dans ce jour. Si j'eus pu le goûter sans souffrir. Quel plaisir de se reposer à l'ombre des fleurs. Toute verdure est belle hors celle des noirs sapins. Plusieurs hêtres, chênes et pommiers n'ont point encore de feuilles en fleurs. Mais plusieurs en ont et ceux qui sont nus font valoir la richesse des autres. Déjà de longues haies sont toutes vertes avec leurs merisiers, saules, coudriers. Trait de bonté de la sœur pour le petit frère. On écaillait des œufs. Combien en mangerait-il? Elle en prit un et le lui donna.

On cultive partout ce pays par sillons mais il y a beaucoup de friches. Je me suis couché de bonne heure pour me lever demain de grand matin. On m'a donné à manger, boire du cidre et de l'eau de marc.

Du mercredi 26

J'avais demandé un cabinet. On m'en donna un dans la cour. Ce cabinet fermait avec une serrure de bois à côté de l'écurie. On me donna pour plume, une plume de dinde. Grand usage de papier peint rouge et bleu. Une jeune fille m'a dit qu'à l'Aigle il y avait beaucoup de pourpre excepté dans la rue St Barthélémi mais que l'air était fort bon à Glos[137] d'où elle était.

Mon pied me faisait un peu de mal. Temps superbe. lever du soleil, oiseaux chantant, poiriers en fleurs. On me demanda 18^s pour mon souper et coucher. J'avais eu une tranche de veau, une bouteille de cidre et un pain dont je réservai la moitié pour mon déjeuner. C'était le repas d'auberge où de ma vie j'eus été le meilleur marché.

Je descendis à la rivière des Augerons que je passai sur un pont de bois. Elle n'est point marquée sur la carte. Tableau charmant de la rosée du matin. Pinson à terre faisant l'amour, ouvrant les ailes, se dressant en pieds, autres gémissant, joyeux, contents.

Je montais les hauteurs. Gens honnêtes qui m'indiquent le chemin. J'arrivai à une grande lieue de là, à Chanfrai,[138] hameau de Notre-Dame de Hamel. J'entrai après avoir passé sur un pont la rivière de Charentonne,[139] dans une petite auberge à cidre.

---

[137] Glos-sous-Lisieux.
[138] Echanfray.
[139] Bernardin a écrit 'Charenton'.

Page 75

pour me rafraîchir. Une bonne femme m'offrit des côtelettes de veau. J'acceptai deux œufs frais. J'allais me mettre dans une petite chambre basse qu'elle me dit être la chambre d'audience. Je trouvai petit garçon monté dans des pommiers pour cueillir du gui pour des egnats, me dit-il, pour agneaux. *[Fin de la page du manuscrit de BSP]*

Il y a ici haute justice appartenant au Marquis de Prie. On y plaidait ce jour-là. La femme me voyant écrire crut que j'avais un procès et se mit à me plaindre car j'avais tiré les papiers de ma sœur et les miens. Elle me conta qu'elle en avait un depuis quatre ans pour la succession de sa mère montant à deux cents francs qui lui coûtait plus de cent écus. Elle ajouta en propre terme qu'on y entrait dans le procès avec une aiguillée de fil à coudre et qu'on en pouvait sortir avec une corde à marnière. Je remarquai que la qualité de plaideur me donnait de la considération près d'elle. C'est un titre en Normandie à prendre en voyageant.

En me contant ses affaires, elle me dit, en taillant pour la soupe, un pain qui avait plus d'un pouce de croûte d'épaisseur. Que le pain blanc valait 3^{sols} la livre. Le veau 4^s 6^d.

J'avais rencontré plusieurs pauvres sur la route. beaucoup de pommiers n'ont rien poussé encore.

Superbe spectacle. Odeur charmante de groseilles en fleurs, cerisiers sauvages apparaissant de loin couleur d'abricot. Pour mon déjeuner de trois œufs et demie bouteille. 3^s3^d. Je n'ai jamais vécu à si bon marché.

Rencontre de nourrices

Sortant de ce lieu, on passe dans un bois taillis où la végétation ne me parut pas fort avancée. Auparavant la femme qui avait dressé la soupe sortit et crie dans le bas de la côte: 'allons, donc, allons Pierre, avance'. Puis voyant plusieurs femmes avec des enfants: 'allons, allons, voilà les nourrices.' J'en vis une longue colonne à pied suivie d'un chariot attelé de trois chevaux. Elles étaient en tout 46. Étaient parties de Paris le samedi. Celle qui me parle allait à St Pierre-sur-Dives qui est loin de Paris de plus de 40 lieues. Cette rencontre me fit rire.

Page 76

De ce lieu jusqu'à Glos-sous-L'Aigle,[140] on compte deux petites lieues. Je les fis avec difficulté, mon pied gauche me faisant mal. Je m'assis après une lieue et demie pour me reposer. Je pris un peu d'eau-de-vie. Temps magnifique, vent à

---

[140] Aujourd'hui Glos-la-Ferrière. Bernardin écrit 'Clos' au lieu de 'Glos'.

l'est, herbe couverte de rosée. Pigeons blancs et bleus, bisets[141] nombreux sur les terres labourées brillant au soleil comme les galets sur les rivages de la Normandie.

Je remarquai que les vallons que je rencontrais allaient insensiblement à rien. A mesure que je m'élevais, les terres médiocrement bonnes mais bien cultivées.

Montant à Glos-sous-L'Aigle, sur une petite hauteur, je rencontrai une pauvre femme qui me demanda. Je donne peu, donnant à tout être que je rencontre et ne pouvant donner beaucoup. Je lui demandai si elle avait la monnaie de 6 sous. Elle me dit qu'elle n'avait que deux liards. En changeant, elle me dit qu'elle ne devait avoir qu'une demi-livre de pain. Je pris ses deux liards pour un autre et elle me dit d'un ton si pénétré : « je prierai dieu de bon cœur pour vous » que je lui rendis ses deux liards. Que ne puis-je dépenser ainsi dix mille livres de rentes. Mais à chaque pauvre je me fais un devoir de les aider. Moi, qui n'ai ni état ni commerce ni revenu. Il faut, en voyageant, donner partout, j'en ai rencontré un ce matin. Hier au soir deux dont une femme, aux malheureuses filles d'auberge. Je compte qu'en petites générosités, je ne dépense pas moins de 8 à 9 ^{s} par jour. Quand je ne pourrai plus donner à tous, je donnerai aux femmes celles-ci étant plus malheureuses par sa faiblesse qui lui donne moins de ressources, qui l'attache à l'homme pendant sa jeunesse. Pourquoi y-a-t-il tant de pauvres en France ?

Je fis le tour près du calvaire pour trouver une petite auberge où l'on me donna à dîner du gros pain, du veau et du cidre. L'eau était bonne quoique de puits, il avait 18 à 19 brasses. Le vent agréable et frais. Ma douleur aux pieds m'ôte une partie du plaisir de voyager. Il n'y a plus que 2 lieues d'ici à L'Aigle et il est 10 heures et demie. Parti

Page 77

On me prit pour mon dîner 12 ^{s}. Je n'ai jamais été à si bon marché.

Je sortis et suivis un chemin parmi une lande à herbes fines par l'instinct d'un être qui souffre. Je vis de loin une douzaine de femmes qui lavaient et faisaient sécher du linge. Quatre assises sur l'herbe dînaient et préparaient une salade avec dents de lion.[142] Leur gaîté, plaisanterie, bonne humeur et toujours de l'amour, les plus laborieuses, les plus gaies. Elles m'apprirent que je laissais le chemin sur la droite et je les quittais marchant à travers les bois où j'eus assez de peine à me dégager des ronces. Je suivis la route, me reposant de temps en temps. Les campagnes sont découvertes dans toutes ces parties et ressemblent à la fertilité près au pays de Caux. Beaucoup de chênes n'avaient point de feuilles. Quelques hêtres déroulaient leurs cornets verts à leur sommet seulement bien les poiriers bien avancés. les pommiers point avancés du tout, soit l'élévation du sol ou la médiocrité de la terre, cependant on la marne[143] partout.

---

[141] Pigeon sauvage de couleur bise (*Littré*).
[142] Pissenlits (en anglais, 'dandelion').
[143] Terme d'agriculture. Répandre de la marne sur un champ (*Littré*).

Je pris plusieurs repos à une lieue de Glos-sous-L'Aigle, à un endroit où passe un ruisseau, dans un lieu appelé St Nicolas. J'entrais pour me rafraîchir dans une petite auberge. Deux filles, une femme filaient, une quatrième avec un enfant. Elle me dit que nous sommes misérables. Le pain augmente chaque jour. La tourte de 12^{lt} de gros pain qui valait 24^c en vaut 33. Notre roi nous promettait un si beau règne, que deviendrons-nous ? Si quelqu'un lui disait. Je lui répondis je ne le connais pas car je lui dirai. Je la fis rafraîchir. Elle était veuve, sa mère mourante et trois enfants jeunes. Avec cela gaie. Elle m'apprit que les nourrices du matin avaient 5^{lt} par mois. Pourquoi, lui dis-je, ne pas faire autant ? Pour rien au monde je n'abandonnerai mon enfant.

Page 78

Portrait d'une jeune fille

Elle était une voisine.

La jeune fille était d'une physionomie noble. Beaux yeux, nez aquilin, bouche bien découpée, gravitas et sourire et expression naïve. Elle plaignait beaucoup cette malheureuse. Elle filait avec activité du fil très fin. Je lui demandai ce qu'elle gagnait. 30 sols par semaine car elle filait une livre. Elle rougissait à chaque demande que je lui faisais. Je lui souhaitai un bon mari. La tante avait six doigts à chaque main joints ensemble deux à deux et manquant de la première section, elle s'en servait fort bien à filer. La tante me dit elle n'a que quinze ans, elle est trop jeune pour lui donner un homme.

Je n'eus pas fait un quart de lieue, qu'ayant trouvé un ruisseau, je m'y rafraîchis encore. Mes pieds me faisaient mal. Enfin après plusieurs haltes, j'entrais à une demi-lieue dans un beau bois de sapins bien intéressant, qui me rappelèrent avec intérêt ceux du nord. Silence, majesté de cet arbre, odeur aromatique qui ne déplaît pas. Son sommet dont les extrémités des branches poussaient de couleur orange foncée à l'extrémité d'un vert sombre. En sortant du bois groupe de poiriers tout flammes sur pelouse verte au milieu des sapins noirs. Arbres que Le Nôtre[144] eut dû mettre aux Tuileries. Variété de la nature. Autre ruisseau. On trouve château à moitié bâti et une chapelle à cloche dans la cour. Je ne m'informai point du nom. Je vis au niveau de la campagne verdoyante à un quart de lieue de là les arrêtes des flèches de trois ou quatre clochers de la ville. J'y descendis insensiblement sur la gauche, avenue de jeunes marronniers tout verts, le printemps est apparu. Sur ma droite, au loin, en deux endroits, gros tourbillons de fumée, tuilerie. Belles croupes et beaux vallons, tous verdoyant d'arbres et de prairies. Je descendis à la ville. Petit calvaire. Au-dessus de la croix, un lutre[?] en pyramide fait de pailles et de plumes. Je suis charmé de les voir égayer la religion. Tant d'objets d'affliction.

---

[144] Jardinier de Louis XIV.

Note: Il y a apparence que cet homme a été assassiné par des bûcherons. C'était sur la route de La Trappe à un quart de lieue de la ville. Il avait la tête presque abattue par-derrière.[145]

Page 79

Le peuple dans toute ma route me parut d'une politesse extrême. Ils me saluaient passant près d'eux. Ces bruits de pourpre s'évanouissaient à mesure que j'approchais de la ville. Les renommées semblables à ces roches semblables où montrées de près leur figure s'évanouit. Pourquoi calomnier les santés ? Cependant une jeune fille me l'avait assuré et un mendiant le même jour. On m'apprit qu'un plaideur fort haï la veille sur le grand chemin avait été décollé par-derrière en plein jour sans qu'on ait vu ou soupçonné l'assassin. On lui avait laissé son argent. Je traversai une partie de la ville pour loger au Maure quoique je vis près du château de belles auberges. L'hôtesse, à gens si moins polis que le peuple,[146] me voyant à pied, me dit qu'elle ne pouvait me donner à coucher et m'indiqua une auberge vis-à-vis. Je souffrais tant de douleurs à la plante des pieds que n'ayant pas le temps de disputer, je lui dis que je ne serais pas venu la chercher de si loin si j'avais cru qu'on m'eut si mal reçu. J'entre dans l'autre vis-à-vis où je fus presqu'aussi mal reçu, la maîtresse ayant vu que je n'avais point de cheval. La servante cependant ne voulut pas me donner une chambre particulière, me conduisit dans une chambre à 4 vieux lits rouges et ouvrant la fenêtre se mit à regarder dans le cimetière de l'autre côté de la rue. Je lui représentai que j'avais besoin de son service, de quoi elle ne fit pas grand compte. La vue triste du cimetière, de la servante, de la chambre, de la vieille maîtresse me fit descendre pour en aller chercher une. Je rentrai dans le centre de la ville. Le pavé me faisait une douleur incroyable. Enfin, j'entrai au Dauphin dans une vaste cuisine où m'approchant du feu sans pouvoir parler, j'attendis un instant que mes sens se calmassent. Je demandai à coucher et avant tout tirai ma montre dont la vue disposa

Page 80

favorablement pour moi tout le monde. On me mena dans une jolie petite chambre en haut d'où je découvrais un horizon superbe, les bords du vallon. Une jeune fille me monta de l'eau chaude où je mis mes pieds et je fus d'abord soulagé. Je me regardais en entrant au miroir. J'étais pané[?][147] de chaleur, mes cheveux défrisés.

---

[145] En bas de la page, d'une main différente, 'Voir pour la Trape'.
[146] Lecture incertaine.
[147] Le sens n'est pas clair. Nous trouvons dans D: 'On appelle *De l'eau panée*, De l'eau où l'on a fait tremper du pain grillé pour en ôter la crudité'.

Je fus curieux de faire la revue de ce que je portais sur moi, dans une journée si chaude :

Un habit de grosse ratine complet dans les poches duquel il y avait 3 mouchoirs, une chemise, un col, une tabatière, un paquet de clefs, un paquet de papier, bas de soie, ciseaux, canif, une carte, couteau, petite fiole d'eau-de-vie. Bourse : ma montre, une brosse et un bon morceau de pain. Mais pour le premier objet je l'ai perdu, l'ayant laissé à la couchée. Si avec mon couteau de chasse, ma canne, ma montre et le reste de mon équipage, j'évalue que je ne portais guère moins de 30 livres.

Sur l'éloge de la Normandie

Il faudra mettre les grands hommes que de tout ce qui entre dans l'ajustement des hommes et des femmes, depuis le velours jusqu'à l'épingle.

Nécessité d'employer l'oisiveté des gentilshommes, en anoblissant certains états comme celui de verrier. Combien sont plus industrieux et requièrent plus de science, de culture. Réflexion à ce sujet.

Page 81

Ce serait le moyen d'empêcher la médisance, vice des âmes faibles et malheureuses. Esprit de société très universel et source générale des procès, haines, duels. Cet esprit a produit parmi nous la raillerie, l'épigramme, la satire. je le compare à ces mousses stériles qui croissent sur les arbres à fruits et détournent le suc de leurs fruits, dessèchent les branches. Ne vaudrait-il pas mieux que ce même esprit, coulant dans les canaux de la société, produisit quelque chose d'ingénieux, d'obligeant, de bienfaisant. Métiers utiles ne le sont point comme charpentier, serrurier. Les médisants sont ceux qui comportent la frivolité et l'oisiveté. Religion les réprime, mais ne vaudrait-il pas mieux les diriger dans ce sexe où vont aboutir tous nos désirs, qui dans sa jeunesse est plus disposé à aimer qu'à haïr. Je voudrais qu'elles fussent persuadées comme il est vrai que ces filles qu'on applaudit, les homme(s) s'en éloignent et une partie de l'abandon qu'elles ont inspiré pour les autres retombe sur elles-mêmes. De là, tant de filles célibataires. Il faudrait donc changer tout le plan de notre éducation, rendant les sociétés moins universelles, les rendre plus intimes, car le désir de débiter des nouvelles, d'en apprendre y jette l'homme, le goût des sciences surtout des naturelles et des arts le détruit.

Autre cause du célibat et de la pauvreté

Le luxe de Paris où vont vivre des garçons qui ont cent louis ou mille écus. L'absence des gens riches, puissants. L'éloignement par la crainte de cette médisance et l'ennui même. Tandis que la bonté naturelle au cœur humain a toujours une sorte de fraîcheur. Tous les objets se présentent à nous avec plaisir, même dans la pauvreté, on est heureux au-dedans.

Page 82

Les villes de Normandie

La plupart des petites ont augmenté comme Yvetot, Caudebec, Lisieux, L'Aigle. Ce qui vient de ce que les gens de campagne s'étant enrichis se jettent dans les villes pour être bourgeois. Ce n'est pas une marque de prospérité puisque les pauvres des campagnes ont augmenté à proportion. Neubourg et Bernay, grand marché de bœufs. Histoire de Mr de Reville, paroisse de, habitants du village surprennent le château, vieillard de 80 ans tourmenté et percé, sa bru se sauve par la fenêtre, la nuit dans les bois.

Du jeudi 27

Rencontre[148]

Je fus réveillé de ma méridienne[149] par un grand bruit de tambour sous ma fenêtre. Je me levai et vis un homme habillé de bleu avec une veste rouge galonnée, une femme et un jeune homme. Il tenait sur un pied une grande caisse fermée. Après avoir battu longtemps, ôté son bonnet, fit un long discours sur J.C. qui était représenté ainsi que sur St Hubert, représenté à genoux devant un cerf, sur les devoirs de pères et mères de rendre par l'exemple les enfants obéissants, puis il prit son violon et chanta, accompagné de ses deux acolytes, la complainte de deux bergers qui avaient attaqué une image de J.C. qui verse du sang. Après quoi, récapitulant les vertus de l'évangile et l'image de C., admirable pour les enfants m. sans baptême. Ces armes, dit-il, ne sauraient se payer mais le cornet de St Hubert pour la rage, les complaintes des bergers, je les vends 2 sols le sep. par-dessus le marché. Les servantes, les rouliers achetaient. Après quoi il [mot illisible] bagage, prit son tambour sur son dos, la femme la boîte aux cornets, et le jeune homme le tab[leau].

Ces gens servent aux réputations. Doit-on les souffrir ?

---

[148] Le mot 'rencontre' est d'une main différente, peut-être celle d'Aimé-Martin.
[149] Sieste à l'heure de midi.

Page 83

L'Aigle[150] bien entretenue et pavée, rue étroite bien bâtie. Il y a un grand nombre d'enfants qui vivent de faire des épingles ainsi que les villages d'alentour. Je passai chez un fabricant. Pour en couper 12 mille 1 sol. C'est le plus difficile à faire, les maîtres se le réservent. Un ouvrier en peut gagner 3^{lt} pour tourner la roue. 1er p. pour 12 mille. Pour leur faire la pointe pour 12^m 1 sol. Un homme en prend une poignée aplatie dans ses deux mains, les passe sur une meule par une extrémité puis par l'autre. Une longueur fait quatre épingles. Pour leur faire la tête 1s.. Pour leur mettre la tête 9^d on les blanchit avec de la lie de vin bouillie avec des plaques d'étain fin dont il se détache des particules. Je passai chez des petites filles qui les mettent dans des papiers. Pour percer les papiers de 12 m. 1 sol, pour les placer 1sol, pour les nettoyer 6^d pour ce dernier. Il faut bien travailler pour gagner 1 sol. Les têtes se font par un fil qui se tourne et dont deux en deux tours il se coupe à la fois trois lots [?] pour les enfiler d'une main, de l'autre cette tête informe dans le même moment est frappée sur l'épingle. Beaucoup ne gagnent que trois sols. Les ouvriers n'ont point augmenté et le pain a plus que doublé.[151]

Columbelle[?] riche d'un million.

Chemin faisant sur la route de Paris il y a un couvent de Picpus. Ayant trouvé le supérieur sur la porte. Il m'invita d'entrer sur le désir que j'avais de voir le jardin. Il me conduisit dans un vaste enclos planté de pommiers. La maison est vaste. Il me dit qu'il manquait de sujets, qu'il avait vu vingt religieux, que maintenant il n'y en avait plus que quatre. Un homme fort mal mis nous aborda en me disant: « Passe-moi ton couteau de chasse au travers du cœur » bien qu'il me répéta. Je n'eus pas de peine à voir que c'était un fou. Le supérieur me dit que c'était un capitaine de grenadier à qui un passe-droit et quelques affaires avaient renversé la tête. Il me dit qu'il avait des pensionnaires depuis 450 jusqu'à 500. Ce pauvre malheureux me fit pitié. L'air sombre, un morceau de chapeau

Page 84

sur la tête, une démarche fine. De là il me mena dans une cour très étroite où étaient 4 ou 5 loges. Deux étaient en conversation. L'un, commis de receveur des tailles de Lisieux, d'une figure noble, parlant avec noblesse et esprit. Il buvait et mangeait. Le malheureux avait des fers aux pieds et aux mains. Il s'adressa à moi, prétendit m'avait vu . Ses poignets, pieds et mains enflés. Le supérieur me dit qu'il

---

[150] Vosgien donne: 'Petite ville dans la haute Normandie sur la Rolle [....] département de l'Orne [...] On y commerce en grains, en quincailleries et surtout en épingles'.
[151] Sur la fabrication des épingles voir http://www.annales.org/gc/1999/gc09-99/35-51.pdf

était furieux. Sa folie était de parler de millions. À côté était une espèce d'imbécile qui avait été chanoine. Sa folie était de montrer son cul. En effet il se déshabilla en partie. *[Fin de la page du manuscrit de BSP]*[152]

Ce spectacle m'attrista. Dans la cour deux ou trois autres se promenaient. L'un était un curé qui avait l'étrange malheur d'être fou huit mois de l'année et sage les quatre autres. Un autre curé devenu fou par ambition. Ainsi ils étaient fous par ambition et par avarice.

Le supérieur me reconduisit fort honnêtement. Je m'en reviens triste songeant au sort de la vie humaine et combien les passions peuvent la déranger facilement.

En revenant à mon auberge, j'appris une histoire singulière arrivée sous ce supérieur, il y a quelques années, il avait un fou dont la folie était de s'habiller en femme et de vouloir être appelée madame. On le laissait sortir étant d'un caractère fort doux. Il venait dans la ville. Un soir, étant resté au -dehors, le garçon lui dit de rentrer. Il ne le voulut pas, sur quoi le garçon ayant insisté, il tira une lame qu'il avait trouvée et emmanchée à un bâton, l'en perça et l'ayant abattu à terre, il l'acheva de plusieurs coups. Après quoi il entra et s'enfuit dans le jardin. On était fort embarrassé sur la manière de saisir un fou armé. On imagina de charger un fusil à poudre et on le lui tira dans le visage ce qui l'ayant aveuglé pour l'instant, on se saisit de lui. Mais le supérieur fit avertir les parents de le reprendre, ne voulant pas garder chez lui un homme coupable d'un meurtre. Mais ce qu'il y a de fort étrange c'est que de cet instant la raison est parfaitement revenue à cet homme qui vaque chez lui à ses affaires. Soit qu'une violente surprise soit capable de remonter la raison comme un os déboîté, et de la faire rouler sur ses pivots

---

[152] En bas de cette page, ainsi que sur la page suivante, nous lisons: 'pris pour les etudes' d'une main étrangère, vraisemblablement celle d'Aimé-Martin. En effet, un passage très similaire se trouve dans les *Études de la nature* dont la première édition ne paraîtra qu'en 1784. Nous lisons, dans l'étude 13: 'Il y a quelques années que passant à L' Aigle, petite ville de Normandie, je fus me promener hors de la ville vers le coucher du soleil. J' aperçus sur une petite colline un couvent situé dans une position charmante. Un religieux qui se tenait sur la porte, m' invita à entrer pour voir la maison. Il me promena dans de vastes enclos où le premier objet que j' aperçus fut un homme d' environ quarante ans, la tête couverte de la moitié d'un chapeau, qui s'en vint droit à moi, en me disant: "Donne-moi de ton couteau de chasse dans le cœur, donne-moi de ton couteau de chasse dans le cœur". Le moine qui m'accompagnait, me dit: "Monsieur, ne soyez pas étonné; c'est un pauvre capitaine qui a perdu l' esprit à cause d' un passe-droit qu' on lui a fait dans son régiment".

"Cette maison, lui dis-je, sert donc à renfermer des fous ? Oui, me dit-il: j' en suis le supérieur". Il me promena d'enclos en enclos, et me conduisit dans une petite enceinte où il y avoit plusieurs cellules de maçonnerie, et où nous entendions parler avec beaucoup d'action. Nous y trouvâmes un chanoine en chemise et les épaules découvertes, qui conversait avec un homme d' une belle figure, assis près d'une petite table devant une de ces cellules. Le moine s' approche du malheureux chanoine, et lui donne de toutes ses forces un coup sur l'épaule nue, en lui disant de sortir.' (*OCBSP*, I, 445).

Page 85

ordinaires. Au reste, il serait ce me semble convenable d'essayer ces moyens et d'entretenir dans des maisons destinées à ce sujet tous les moyens propres à les égayer par la musique, le régime rafraîchissant, et comme dans un bras démis on emploie les topiques[153] au moins pour en adoucir les douleurs.[154] *[Fin de la page du manuscrit de BSP]*

Il avait fait grand chaud tout le jour.

On ne boit à L'Aigle que de l'eau de puits quoiqu'il y passe deux rivières dont la première est la Risle.[155] Ailleurs c'est le contraire. Ormes de la promenade des Picpus sablée de gravier. Il y a cinq quarts de lieue à St Martin-des-Prés.

Du vendredi 28

Mon débiteur que j'ai vu ne veut pas payer parce qu'il sait que le contrat est perdu. Je vais aujourd'hui chez le curé afin d'obtenir un acte par lequel il reconnaisse l'avoir reçu. On compte 1 et ½ à St Martin-des-Prés sur la route de La Trappe.

Il serait utile qu'il y eût un journal des causes civiles, simple, clair, non pour faire valoir comme tant de journaux la réputation de tel avocat, mais pour mettre au jour par l'exposé du fait la mauvaise foi de tel client, pour réprimer la faveur des petits tribunaux qui gagnent chaque jour, pour guider les lumières des autres et empêcher les contradictions.

Les environs de L'Aigle sont remplis de mines de fer qu'on exploite à Aube et Rugles.

Je partis à 4 heures, la journée étant fort chaude. Je pris vers le sud. Je passai dans un chemin ombragé de pommiers, la plupart semés de rubis[?]. Je m'arrêtai pour entendre les fredons du rossignol, tantôt vibrations d'une corde, flageolet, flûte, sifflet, gazouillement, tantôt par les demi-articulées, sons lointains puis rapprochés et éclatants.

Jeune fille

Je trouvai une petite fille qui gardait les moutons. Elle me dit qu'elle avait quinze ans quoiqu'à sa taille elle n'eut pas l'air d'en avoir dix, fort gaie, elle me dit que pour aller à N. D. des prés[156] il fallait passer par Buat et prendre un peu sur ma

---

[153] Terme de médecine: médicament qu'on applique à l'extérieur comme les emplâtres.
[154] En bas de cette page nous lisons de nouveau: 'pris pour les etudes' d'une main etrangère, vraisemblablement celle d'Aimé-Martin. Nous lisons dans l'étude 13, 'Ne pourrait-on pas employer, pour rendre la raison à ces malheureux, des moyens opposés à ceux qui la leur ont fait perdre, je veux dire la joie, les plaisirs, et surtout ceux de la musique?' (*OCBSP* (Paris: Ledentu, 1840), I, 445).
[155] Bernardin écrit 'rille'.
[156] Nous pensons qu'il veut dire N.D. des Aspres. Voir p. 88.

Page 86

gauche. Voilà un bon métier pour faire l'amour. Elle sourit, me dit nous avons bien du mal, qu'il fallait garder les moutons tout le long du jour, Vous avez le temps de faire l'amour. Je ne suis pas toujours aux champs, il faut rentrer les moutons parce qu'il fait chaud vers le milieu du jour afin qu'ils se melottent.[157] Ah votre ami là bas, c'était un petit garçon de sa taille. Elle sourit. Il est trop jeune et trop petit. *[Fin de la page du manuscrit de BSP]*

Ils avaient l'air de Daphné et Chloë.

Après avoir passé Buat dont les habitants fabriquent des épingles et où je trouvai partout l'honnêteté, je passai dans le chemin ombragé de sapins. Tristesse majestueuse de cet arbre, ils poussaient leurs jets d'un vert jaune. Plusieurs femmes, le fuseau à la main, gardant leurs vaches comme au temps de Ste Geneviève. À quelque distance le chant d'un rossignol me fit arrêter pour écouter la musique la plus variée, les oppositions il faisait de son gosier tantôt des vibrations comme d'un instrument à cordes, des sons aigus comme d'un flageolet, brusque[s] comme d'un fifre, doux comme d'une flûte. Quelquefois il paraissait bien loin et on l'entendait éclater tout à coup en sons brillants. Cet aimable oiseau est le héros du printemps, il reste immobile, ravi de lui-même et de l'esprit qui l'anime. Il prête son âme à tous les arbres où il se repose se distribuant par poste, dans mille lieues carrés, on en peut compter une infinité. J'arrivai de bonne heure après avoir passé sur un pont de bois la petite rivière de près d'un moulin. Le clocher de la petite église paraît à mi-côte comme une épingle. Le presbytère est auprès et quelques petites maisonnettes semées autour. Les terres sont maigres. Les prés trop baignés exhalent odeur de marais. Le curé en veste et en bonnet blanc bêchait son jardin. Je lui donnai la lettre de ma sœur. Il me dit l'offre qu'il avait faite de rembourser le contrat. Sur quoi je lui dis qu'il ne fallait pas qu'il fût dupe d'un service rendu. Qu'avant tout il convenait qu'il atteste par écrit ce qu'il promit, que cet acte joint aux autres pièces suffirait. Qu'au surplus, c'était un malheur dont certainement, si c'était à moi, je ne le rendrais pas coupable. Il m'offrit du pain, vin et confiture d'abricots excellents après quoi il me parut très versé en géographie,

Page 87

ayant bibliothèque nombreuse et bien choisie, un très petit appartement, ses chevaux passaient dans le jardin pour entrer à l'écurie et broutaient les abricotiers. Dans la cuisine à souper, plats sur des lattes formaient le lambris[?]. Gouvernante laborieuse, familière. Il faut faire ci, cela. Il faut de la crème pour de la soupe aux herbes, cela vaudra mieux, du thon mariné au souper. Gouvernante parle d'un bonnet. il n'y avait que celui qui était sur la tête du curé, conversation instructive.

---

[157] Sans doute patois normand dont nous n'avons pas trouvé le sens.

Jambon pendu à un pied de la tête et sacs. *[Fin de la page du manuscrit de BSP]*

Couché dans une petite chambre très propre et un grand lit. Cependant ayant dit que pour passer les bois de La Trappe j'étais bien armé, je remarquai que le curé parti, la gouvernante s'enferma sur le champ.

Opinion différente du Normand

Capitaine de vaisseau, marchand très estimé le long des côtes, militaire parmi les gens d'église, gentilhomme parmi les [le mot manque], partout celui qui a de l'argent.

Ruche dans le petit jardin sur un banc, dans les allées carrés de légumes. Curé désolé parce que son chat mangeait ses asperges. Dans le mur de terre de sa petite cour, niche pour les pigeons. On leur donnait à manger dans des moitiés de sabots.[158]

Commodités dans le jardin dont la porte un non de[?] ancienne porte de société[?]

Du samedi 29

Le curé, M. Hemelin, me montra un pré qu'il avait bonifié par des rigoles, ensuite son église fort propre. Bonne vierge et enfant Jesus avec une grande perruque jaune. St Gille avec un visage terrible, courte taille. Il s'habillait derrière l'autel. Espèce de pierre, amalgame de brique et de caillou.

Pendant que nous causions le curé et moi, la meunière est parvenue lui donnant 12e et 1e d'œufs pour courir dîner à Tubœuf[159] à M. de Lamoignon. Vu mon cousin charpentier et j'ai été chez lui à Vitrai[160] le voir et sa famille, paysans mal aisés. Que ne puis-je leur faire du bien !

<u>Page 88</u>

Du dimanche 30

Parti à 4 heures du matin. Brouillard épais. Enfants allant à N.D. d'Apres. Messe entendue. Femmes allant à ¼ de lieue de La Trappe, leur gaîté, portaient alternativement deux tourtes chacune de 12 livres de 57^s. fait bon s'aider. Paysans insensibles aux beautés de la nature. Aimez-vous les fleurs. Je n'aime point les

---

[158] Sabot: petite niche qu'on accroche dans les volières.
[159] Aujourd'hui Saint-Michel-Tubœuf.
[160] Aujourd'hui Vitrai-sous-L'Aigle.

bouquets et les oiseaux beaux ce sont des petits piauleurs. *[Fin de la page du manuscrit de BSP]*

Loups dans les bois de La Trappe, donnés par un comte du Perche dont les armes ont des [mot illisible] frontière de Normandie et du Perche. Petit ruisseau, passé source ferrugineuse.

Je tournai dans le bois par un grand chemin sablonneux, haut et bas, étant assez heureux pour rencontrer quelqu'un au carrefour.[161]

Aspect de La Trappe à travers le brouillard. Bâtie dans le bois. Je passai le long d'une grande pièce d'eau sur la digue couverte d'un grand brouillard qui semblait sortir des eaux. Croix noire plantée à l'entrée sur le bord du chemin qui mène à la petite porte de l'abbaye. J'entrai dans la première cour ensuite pénétrai à la deuxième. Un religieux m'ouvrit après avoir regardé par une petite grille dans la porte. Il ne se mit point à genoux et ne me fit point de lecture comme on me l'avait dit. Il me demanda d'un ton brusque ce que je voulais. « Voir l'ordre de la maison. Je suis un officier qui voyage. » « Combien resterez-vous de temps ? » « Un jour ou deux » Il me mena dans une salle où était un capucin sur son départ. Il me dit d'y laisser ma canne. Il y avait deux lits. Ensuite il vint me proposer d'aller à la tribune. De là je vis l'église, fort simple, en blanc, les religieux dans des stalles à droite et à gauche. Le chœur est fermé de tous côtés de sorte qu'on ne les voit que de là. Les pères habillés de blanc. J'en comptai une quarantaine. L'église en bas se trouvait séparée par un deuxième chœur, rempli de religieux, tous à barbe longue de quelques lignes,[162] à peu près comme capucin de robe brune. À chaque instant, ils s'inclinaient les uns vers les autres horizontalement, pas un ne tournant la tête. Après les avoir entendu psalmodier quelques temps, je descendis. Le même religieux me vint dire qu'il était d'usage aux étrangers

Page 89

d'assister à l'office. Sur quoi je lui dis que j'avais été à la messe, que j'avais besoin de repos, ayant fait trois lieues à pied pour le venir voir et même de rafraîchir. Il

---

[161] A partir d'ici nous retrouvons le texte transcrit par Charles-Philippe de Chennevières-Pointel, publié en 1868. L'exemplaire de la BNF manque mais il existe un exemplaire à la Bibliothèque de l'Arsenal (8° H- 28138 (20). Il y a quelques variantes de lecture entre les deux textes mais nous suivons celle du copiste original et le manuscrit de Bernardin. Nous ne tenons pas compte ici de la lecture de Nicolas Perot parue dans *Vie de Rancé* (Livre de Poche 16110, 2003), pp. 283-96. Perot note que le manuscrit qu'il transcrit est répertorié par Souriau dans *Bernardin de Saint-Pierre d'après ses manuscrits* (Paris, 1905), pp. 173-79. Le manuscrit sur lequel a travaillé Souriau et ensuite Perot est un texte différent et que Bernardin avait sans doute revu, peut-être pour une publication éventuelle dans les *Harmonies de la nature*. Le manuscrit du texte de Perot se trouve à la Bibliothèque Municipale du Havre, LXXIII, 71-72. Le texte est rayé, ce qui nous fait penser qu'il devait être publié ultérieurement.

[162] Ancienne mesure égale à la 12e partie du pouce soit 2,25 mm, approximativement.

me dit que quand on donnait à déjeuner, on n'aurait point à dîner. Je sortais pour chercher l'auberge lorsqu'on me dit qu'on dînerait à 10h et ½ . Il en était neuf. *[Fin de la page du manuscrit de BSP]*

Je patientai. Un religieux un peu après vint me dire que l'après-midi je serais tenu d'aller à l'office, dont on m'exemptait le matin. Sur quoi je lui dis que j'irais à présent même. J'assistai à une partie de la grand'messe où les mêmes inclinations étaient perpétuelles. À la communion, la moitié des religieux du chœur défilèrent les uns après les autres, chacun avant de communier embrassant celui qui suivait et embrassé de celui qui précédait. Cette cérémonie fraternelle me parut très noble et très touchante.

Après la messe, un religieux vint me dire que je dînerais au réfectoire. Avant d'entrer, il me versa à laver dans un grand bassin, un autre me présenta le linge. Mêmes salutations en entrant pendant la prière du bénédicité qu'ils chantent. Un vieillard s'appuyait sur un bâton. Les convers dînèrent dans une autre aile.

Dînant à droite et à gauche, le supérieur à l'extrémité reste seul. On me mit au bas, seul, où on m'avait servi comme à tous les religieux, servaient potage, cidre, pommes et poires, une pinte de cidre, de l'eau, une petite écuelle pour boire où sont peintes les armes du comte de Perche, fondateur. Un potage fort épais, un poireau fait [?] de lait, un demi-pain fort bon et léger comme aux autres religieux, de plus une portion d'haricots bien accommodés et un plat de pois qui n'étaient pas cuits et dont je ne mangeai pas. Il y avait du beurre frais sur une assiette et de bon pain. Ensuite on me servit pommes et par surcroît ainsi que le beurre, du fromage et des noix. Pendant le dîner on lut la vie de St Athanase, martyr et de St Rémond à qui on avait ordonné pour pénitence de faire un traité des cas de conscience en 5 volumes.

Pendant le dîner qui dura près d'une demie-heure, aucun des religieux ne leva les yeux de dessus sa portion hors un seul qui me regarda beaucoup mais il est impossible

Page 90

de leur parler et de savoir leur nom. *[Fin de la page du manuscrit de BSP]*

Ils ont le soir une salade de cresson, en carême deux onces de pain sec. Les dimanches des pommes, et depuis Pâques jusqu'en septembre 3 onces le soir. Il y en avait 18 à l'infirmerie.

Les religieux, en faisant leur profession, font leur testament.

Ils se rasent 14 fois par an, de sorte que ceux qui les voient les jours de barbe croient qu'ils sont ras et qui les voit à la fin croient qu'ils le poli[?]

Ils bâtirent de briques et avec un grès roux, par couches qui se trouvent à Saint-Martin-des-Prés. Cette même terre rousse qui se trouve à Nonancourt paraît la pâte première de ce grès.

Je vis un petit berger faisant une guirlande d'hyacinthes sauvages et de primevères sauvages et d'autres fleurs pour mettre à sa vache dont c'était la fête le 1ᵉʳ mai. Cette idée venait de lui.

Je dis à d. Hugues qui me parlait de la brièveté des plaisirs de la vie comme un reproche à la nature, il est triste que les plaisirs soient passagers comme la vie, que les branches ressemblent au tronc.

Page 91

Il y en avait de fort vieux, la plupart ayant très bon visage. Ils ont des manches qui traînent jusqu'à terre.

Après dîner, celui qui m'avait reçu à la porte et celui qui m'avait conduit au réfectoire revinrent successivement me voir.

Conversation avec le 1ᵉʳ appelé Dom Hugues:

Demande s'ils prenaient du tabac. Oui pourvu que le chirurgien déclare que c'est nécessité.

Le souper des religieux est à 5 heures et le mien à 7.

Sur la vertu de ces religieux. Je lui dis que beaucoup ressemblaient aux philosophes pythagoriciens. Le silence et l'abstinence de ce qui a en vie. Ils ne se parlent jamais, ils ne mangent ni artichauts ni asperges ni petits pois, ni vin. Il me dit que oui, la raison ayant fait assez de progrès mais qu'ils manquent d'une seule vertu que donnait la R. C. l'humilité sur quoi je lui citais Epictète et Socrate mêmes. Il me dit que cela ne pouvait venir que de J.C. Comment lui dis-je auparavant l'or n'était pas l'or ? Epictète, Socrate, Dieu ne pourrait-il pas inspirer des hommes vertueux ? Sur quoi on sonna et me dit qu'il continuerait notre conversation, qu'il allait à la porte.

Dans la salle intitulée Sᵗ Polemon[163] étaient plusieurs gravures estampes, un Turgot, évêque de Séez, un squelette entouré de tiares couronnées d'un passage de Sᵗ Augustin, des passages Sᵗ Bénédicte que l'auteur de la vie s'était livré à la mort.

Il revint. la conversation changea. Il m'a dit que la reine devait venir, qu'elle avait privilège de faire entrer tout le monde, que le duc de Penthièvre[164] y venait mercredi, que les autres princesses n'y pouvaient entrer que seules.

Celui qui m'avait parlé avait 26 ans, entré à 23. Nous ne cherchons que la solitude, dit-il. Celui-là ne savait rien.

---

[163] Nous lisons bien 'Polemon' — s'agit-il de Palémon, un anachorète du désert en Égypte, mort vers 330.

[164] Louis Jean Marie de Bourbon, duc de Penthièvre (1725–1793), très affecté par la mort de sa femme en 1754 et de six de ses enfants entre 1744 et 1754, il mena une vie retirée, absorbé par la dévotion et la charité.

Page 92

Dom Hughes vint me revoir l'après-midi. « Comment trouvez-vous l'extérieur de ma maison ? ». Une partie de l'austérité du dedans. En effet cour pleine de morceaux de cailloux blancs, corps de logis, jetés çà et là, pleines de lucarnes croisées. Bâtis de pierre, rouillés de fer noir, dont il n'y a pas 3 croisées sur la même ligne. Dehors, cloqués de côteaux rompus couverts de [un mot illisible], grande croupe en face toute noire, étang bordé de joncs, de genêts, houx, romarin, bien de la régularité. « Je voudrais bien voir l'intérieur. C'est là où les passions règnent, les troubles, les amertumes. » « Comment peut-il y en avoir ? personne ne se parle. mais quand on a des points de regrets, de passion, on s'adresse au supérieur. Ici il n'y a point d'amitié que la charité. » « Il ne doit y avoir ici que des hommes dont les passions sont très fortes et qui étaient blessés ». « Oh, dit-il, il en est de très apathiques. J'en connais plusieurs mais il faut être persuadé qu'on serait insensé, la tête en péterait. On vit heureux sans passion, sans trouble. » « Je n'ai pas été libertin, lui dis-je, on peut avoir des passions fortes et des mœurs pures. » « On le voit bien. » « Eh bien, avec la même vérité, je vous dirai que je ne suis pas persuadé. Je cherche la vérité, elle s'échappe. » « Vous êtes sensible, » dis-je, « plus que je ne le puis dire. Que n'édifiez-vous le monde aux hommes. Si dieu se manifeste à quelqu'un c'est à vous dont la vie est si pure. » « M'a-t-on sonné[?] Il nous est expressément défendu d'en rien révéler. Il y a des grâces incroyables. Un jeune homme de la plus jolie figure vint un jour, me dit-il, demander à entrer. Il était si maigre. Vous ne pourrez pas en supporter le régime, le supérieur lui dit. Avec ce rhume, vous ne vivrez pas quinze jours. Je ne suis pas venu vivre. Je viens apprendre à mourir. Au bout de 9 mois, âgé de 23 ans il finit sa carrière au milieu du chœur, sur la paille et la cendre. Ah, quelle mort admirable ! Ah, que n'a-t-il vécu à ma place et que ne suis-je mort à la sienne. » Les larmes roulaient dans ses yeux, et je plaignais tant de courage enseveli dans ce désert. Le premier père avec la même indifférence vint me dire: « Monsieur couchera-t-il ici aujourd'hui et demain? » « Oui, dit Dom Hugues, il faut que demain vous voyiez le père abbé nettoyer l'étable

Page 93

à la tête des religieux. » Il s'appelle Dom Théodore, il est âgé de 66 ans barbe blanche, figure pleine et sereine.

Cette chambre avait un peu de vue sur la cour. Il y avait deux lits. Les religieux ont 11 heures de chœur et 9 les jours ordinaires.

À 6 et 12 on m'est venu demander si je voulais assister à la lecture. Ce que j'ai accepté. J'ai trouvé les religieux dans le cloître, rangés des deux côtés. On lisait lentement sur les peines de l'enfer.

On s'est retiré et on m'a dit que j'étais servi. Les religieux soupent à 5, les hôtes à 7. *[Fin de la page du manuscrit de BSP]*

On m'a mené dans la première chambre où j'ai trouvé du cidre, du pain, d'une salade de cresson, du fromage et des pommes. J'ai assaisonné la salade et j'étais en train de manger lorsque Dom Hugues m'a apporté 2 bons plats: l'un d'œufs, l'autre d'épinards, en me disant si j'avais cru que ce serait là mon souper. Je lui ai dit que oui. Pendant le repas, nous avons conversé mais sur les choses de religion si ardent, si pénétré, si persuadé. Nous sommes restés là. Je lui ai dit je cherche la vérité sans vouloir être apôtre de mes opinions. Je me soucie peu de l'opinion d'autrui. L'homme est condamné à l'erreur. Après souper, il m'a conduit dans ma chambre où il a causé des dangers[?] de mort jusqu'à neuf heures, entremêlé de traits honnêtes. Je me suis couché dans un des bons lits.

Il m'a appris qu'on les mortifie en plein chapitre. Ils ne font aucun compliment. Répondent brusquement en s'inclinant. Ne vous offrent rien. Celui qui vous reçoit était malade. Parlez-vous de vous en aller ou de rester

Dans la conversation, après souper, je lui ai dit que je ne voudrais point communiquer un doute ou ôter à un homme une erreur chérie qui ne serait pas nuisible à la société. Il m'a dit c'est un devoir de dire la vérité. Je crois l'homme condamné à l'erreur. Je ne saurais pas si la vérité que je lui donnerais, ce que je crois ne le rendrait pas plus à plaindre que celle que je lui ôterais étant fort aisé de détruire très difficile d'élever. Je lui ai conté l'histoire de ce curé de bourg dont tous les paysans étaient idolâtres, qui

Page 94

voulait passer aux Indes après avoir été assassiné[165] par son confrère.

Parlez à un moine de noblesse, de militaire, d'amour vous êtes sûr de l'intéresser. L'amour et la gloire, mobiles de toutes les âmes sensibles.

Dans mes maux j'ai toujours intéressé les ambitions, toutes les passions, hors les maux[?] *[Fin de la page du manuscrit de BSP]*

Du lundi 1er mai

La veille un religieux, pendant le réfectoire, fut se coucher à plat ventre au milieu du réfectoire et fut se remettre à sa place ce qu'ils font quand ils ont taché leurs serviettes, fait un peu de bruit avec leur pinte.

Voix mélancolique résonant en voûtes en ogives. 4 saints tout blancs.

Je fus à la grande messe à 9 heures. Un religieux se coucha dans le chœur jusqu'au pater.

Je fus obligé d'envoyer à ¾ de lieue de là à Soligny chercher du tabac.

Il y a des vieillards qui ont 40 et même 50 ans de profession.

---

[165] *Littré* donne: 'Causer un grand préjudice, une vive douleur', le seul sens possible dans ce cas.

Le jeune Victor, ami de Dom Hugues embrassa en mourant [mot illisible] et le mouvement de joie et de reconnaissance pensa le faire mourir. Ensuite il vit le frère qui lui avait ouvert la porte qu'il demanda à embrasser pour le remercier. Il était de Picardie, étant novice il avait une boîte où était une tête de jeune fille. D. H. le gronda, lui dit qu'il lui en donnerait une autre. Il la rendit en disant que c'était un grand sacrifice. Vous en faites de bien plus grands. Il la rendit et ne voulut plus prendre de tabac.

Je dînai au réfectoire. Servi plat de bouillie presque sans lait et pois détestables accommodés au vinaigre.

Nous vîmes un bâtiment considérable, des fondations énormes, religieux vivent pour un jour et bâtissent pour l'éternité.

Vers les deux heures, frère vint me chercher pour nous faire voir la maison. Il nous prévint de ne point lui faire de questions dans l'intérieur de la maison. Il nous mena par le cloître, puis à l'église. Petite chapelle derrière l'autel, mauvais tableau, un crucifix de laiton au tombeau de l'abbé de Rancé.[166] Je comptai 80 petites croix noires avec des plaques de plomb où il y a un tel ou un tel mort au milieu, et, sous un petit dôme, la tombe de l'abbé de R. dont la plaque élevée de quelques pieds le

Page 95

représente avec toute la hideur de la mort. Nous vîmes le chapitre, la bibliothèque petite où sont les dictionnaires et les portraits de quelques princes. Les cellules des religieux couchés sur la paille, le tout fort propre, hors le réfectoire dont les lambris pourris de mauvaise odeur couverts de limaces. *[Fin de la page du manuscrit de BSP]*

Partout il y a des croix noires, buis planté dans les cours, baies de houx, étang plein de joncs secs, terre en friche couverte de pommiers mais qui n'avaient encore donné aucun signe de végétation. Au-delà de la pièce d'eau, croupe de montagne couverte de bruyère. Paysans d'une vilaine figure.

Dans ma chambre était le *Traité de la perfection chrétienne* du jésuite espagnol Rodrigues traduit par Régnier-des-Marais.[167]

Dans l'appartement de Mr le duc de Penthièvre, une tête de St Bernard mourant, très bien peinte. Il est représenté avec sa crosse entre les bras. Certainement, il ne mourut pas ainsi. Ainsi les caractères, emblèmes et allégories ôtent la vérité.

Dom Hugues et d'autres personnes me disent qu'il y avait des voleurs dans les bois du Perche et aux environs de La Trappe. Que des prisons ayant été forcées,

---

[166] Armand Jean Le Bouthillier de Rancé (1626–1700), releva l'abbaye de La Trappe tombée en ruine et installa l'ordre cistercien.
[167] L'abbé François-Séraphin Régnier-Desmarais (1632–1713), membre de l'Académie française. Le titre exact de l'ouvrage est *Pratique de la perfection chrétienne* paru en 1675.

un grand nombre de coquins en étaient sortis. On avait trouvé dans les étangs un homme assommé, il n'y avait pas 6 semaines, il avait son argent, c'était un suicide. D'ailleurs les paysans des environs sont fort pauvres.

On me servit à souper dans la plus belle salle où est le portrait de l'abbé de Rancé, et on me fit du feu. Œufs, salade et betteraves au souper.

Du mardi 2 mai

Il entra à 6 heures chez moi, me dit nous vous verrons revenir ici. Il m'amena déjeuner, me fit voir les pères travaillant à la lessive, comme je les avais vus la veille à nettoyer l'étable, avec des sabots aux pieds et torchon de paille à la main. La Trappe de l'ordre de St Benoît. Il me dit que l'on conservait dans la maison une tête de femme, la bouche fort petite, qu'il croyait celle de la maîtresse de Mr de Rancé. Il l'avait vue.

Sur la deuxième porte intérieure, on lit:

Page 96

In nidulo moriar et, sicut palma mulitplicabo dies meos.[168] Sur la porte: o beata solitudo, o sola beatitudo.[169] *[Fin de la page du manuscrit de BSP]*
La veille voulant entrer chez le frère Maréchal, ne me parla point.

Comme nous parlions à la fenêtre, nous vîmes deux frères convers se parler par signe. L'un menait une vache qui marchait devant et se fourvoyait du chemin. Du son de la baguette, elle se détourna et rebroussa. Il me parla d'un limonier[170] qui conduisait son conducteur. Ainsi les animaux sont dressés à l'ordre de la maison. Je lui offris mes services pour Paris. Il leur est défendu de recevoir des lettres, de faire des honnêtetés ou même de répondre. Septfonds, autre maison austère, je lui serrai la main. l'embrassai. Saisi, il m'invita à venir passer huit jours, il y a la carriole du courrier.

Je passai par la digue où j'étais arrivé, laissant tous les étangs à droite, à gauche terre et côte dépouillés de bois, à gauche pays hauts et très longue vue triste. Pays de voleurs.

---

[168] *Sainte Bible*, Job, 29:18: 'In nidulo meo moriar, et sicut palma multiplicabo dies' [Je mourrai en paix dans le petit nid que je me suis fait et je multiplierai mes jours comme le palmier].
[169] C'est ce qu'écrivait saint Bernard de Clairvaux: 'O bienheureuse solitude, o seule béatitude'. Voir http://saint-denis.catholique.fr/edito/ab-o-beata-solitudo-o-sola-beatitudo-bb. Chennevières note: 'Ce cri d'extase et soulagement est de saint Bernard. Le vieux poète Ducis apprit sans doute par Bernardin de Saint-Pierre [...] que l'inscription en était tracée sur les murs de la Trappe'. [Note 1, p. 18].
[170] Cheval qu'on met aux limons (brancards d'une voiture).

Âmes sensibles, pauvre Dom Hugues, ami Victor. Je marchais une demie heure et marchais dans ces bois sauvages jusque sur une hauteur où aboutissent cinq ou six chemins, cercle d'arbres, au centre vieux chêne brisé.

On m'a dit qu'il fallait laisser à droite trois villages jusqu'à Randonnai. je pris celui qui me paraissait dans l'alignement de l'autre.

Jusqu'à Randonnai venant de La Trappe pendant une lieue et demie on est dans les bois.[171]

Page 97

Je ne me trompai pas. Je trouvai une loge de charbonnier où il y avait trois hommes tout noirs. J'étais à Benaleste[?] à 54 lieues de La Trappe.[172] Ils me dirent que mon chemin le plus court pour Chennebrun était sur la gauche et que, sur la droite, dans le fond du vallon était celui de Randonnai où ils gardent de grosses forges. Je résolus de suivre ce dernier pour les voir. Grandes retenues d'eau, bois planté sur les angles de la montagne comme promontoire aux forges. On me dit que passant auprès de l'église, je verrais les fourneaux. En effet, je vis, à Randonnai, des tas de mine jaune où les enfants triaient des pierres où il y a peu de minerai. Ils gagnaient 20 sous à en remplir un grand tonneau. L'ouverture du four fermée d'où on voyait, à l'ouverture, feu violet et pourpre, vases accumulés , long saumon[173] de fer, plaque de cheminée. Ils exécutent tout presque du canon[?]. La mine est à une lieue et demie sur la route de Chennebrun. Je la continuai. Chemin faisant, je rencontrai plus de deux cents chevaux en diverses bandes, allant le petit pas comme moine et chargés sur le dos d'un bissac fait comme deux capuchons, tout chargés de mine. Cette mine est formée de pierres noires mêlées de sable jaune. Ma route continua jusqu'à la mine dont plusieurs sont dans un village à ½ lieue de Chennebrun. On la tire à 9 ou 10 brasses de profondeur par des trous de marnière. La marne est au-dessous. Les terres commençant au sortir de Randonnai ont été assez bien cultivées. On côtoie sur la gauche la petite rivière d'Avre. Il y a grande possibilité à cultiver les bois de La Trappe où la terre produit des arbres assez élevés. Tous les arbres avaient des feuilles, hors un grand nombre de pommiers. Les aigres fleurissent avant les autres.

Il était près d'une heure quand j'arrivai à Chennebrun, le vent frais mais le soleil ardent. Les perdrix étaient à l'ombre sous les pommiers et partaient quand je venais à passer. Et les moutons, au loin, pour me servir de l'expression de la petite bergère, se melottaient sous leur ombre. À l'arrivée à Chennebrun, on aperçoit un grand et vaste pays coupé de côteaux mais couvert de bois.

---

[171] La transcription de Chennevières se termine ici, pour reprendre un peu plus tard.
[172] Nous n'avons pas pu identifier ce lieu.
[173] Masse de métal quand elle est sortie de la fonte.

Page 98

Je descendis dans la principale auberge de Chennebrun appelée La Croix blanche. Il n'y avait que des œufs frais. Le jeune homme de l'auberge, ayant les mains étrangement défigurées depuis l'âge de six ans par de grosses loupes[174] comme pommes de terre croissant d'année [en] années. Il me conta qu'il y avait beaucoup de voleurs sur la route de là à Verneuil et encore plus entre Verneuil[175] et Nonancourt où je verrai sur le chemin un roué dans les bois. Je lui dis que j'étais assez bien armé.

De La Trappe à Chennebrun.....................3 lieues et demie fortes.
De Chennebrun à Verneuil ....3 lieues petites.

Il me dit que la garenne était dangereuse en approchant de Verneuil à ½ quart de lieue de Chennebrun si [on] prend la route, la route de Bretagne à Paris. Plusieurs personnes me contèrent qu'au mois de mars un monsieur la nuit en chaise de poste fut volé de 12 mille livres. Le fils vint me conduire pour m'abréger. Tubercules de ce pauvre jeune homme sont os semblables à de la craie.

Je passai la garenne. On aperçoit Verneuil une lieue avant d'y être. On s'en croit près mais on se trompe.

Tous les pommiers de cette route ne sont pas tous fleuris mais incomparables plus avancés que ceux de La Trappe. Le terrain va en baissant. Tous les pommiers ont leurs boutons ouverts.[176]

Sur La Trappe

Dans la salle des hôtes où mange le commun, il y a un squelette, grand comme nature, gravé. Des figures horribles d'hommes dans les flammes de l'enfer, un autre en celles du purgatoire avec des légendes. Memento Mori[177]. Il est sans doute de la religion et même de l'état d'entretenir des asiles pour la consolation des malheureux. Pourquoi les effrayer, pourquoi n'en pas former pour les attirer ? Sous de douces images, tant d'hommes trouvent des amis faux, des parents durs, des consolations si dures. Il serait si noble d'avoir un institut pour les consoler dans les maux extrêmes. Nos charités sont si peu charitables. Tous veulent protéger. Il vous parle de foi et il s'agit de pleurer avec eux. Pourquoi cette branche ne fait-elle partie de la théologie ? Dans l'évangile, le sauveur est presque toujours occupé à consoler.

---

[174] Tumeur indolente enkystée.
[175] Aujourd'hui Verneuil-sur-Avre.
[176] La transcription de Chennevières reprend ici.
[177] On lit 'mei' mais l'expression est 'memento mori': souvenirs des morts.

Page 99

Vous me direz qu'ils lisent, qu'ils aillent au temple mais je suis malade et je ne sais point lire. Si je vais, on m'a trompé et vous me prêchez sur l'avarice. Donnez-moi ce qu'il me convient.[178]

Je vis sur ma gauche un ruisseau, un ruisseau tout blanc d'une fleur de nénuphar comme s'il eut été chargé d'écume.

J'avais terriblement mal aux pieds. Je ne trouvais de remède que marcher sur la poussière.

Je trouvai à une lieue entre deux pommiers un boulingrin fait pour s'asseoir sur le bord du chemin. Je m'y assis et applaudis le citoyen qui l'avait élevé. Je vis sa maison à une portée de fusil de là. Je m'y reposais avec plaisir.

De Chennebrun à Dreux par la route ancienne qui est bonne. Il n'y a que 8 lieues jusqu'à Dreux. Il y en a onze sur la route actuelle. Pourquoi cela ? Cela arrange-t-il les fermiers des postes ? Il me semble que c'est un mal à réparer. Dans les abus de Pologne de toute espèce, un grand maître des postes les arrangea si bien qu'il allongea la route de 4 lieues pour son profit. Un plaisant disait qu'il fallait le remercier d'avoir étendu le royaume. Ce n'est point à nous à nourrir nos abus.

Superbe pommier en fleurs, couleur de chair, doux parfum en entrant dans Verneuil qui a une enceinte de vieux murs. La dureté des petits pavés me fit bien souffrir. On m'avait dit qu'on était fort bien à St Martin chez la dame Fallet. Je demande cette auberge, un homme chargé d'un sac d'avoine me dit qu'il y allait. Je le suis, traverse la ville avec douleur. Il me dit la voilà. J'avise une mauvaise petite auberge. Je lui demande le nom de l'hôtesse — Duclos. Je lui tourne le dos et en demandant, j'arrive, au-delà de l'église, au vrai St Martin.

Ce pauvre jeune homme était d'une figure intéressante.[179] Il me dit: « couchez ici, vous partirez demain après-midi avec des marchands de Verneuil. Si vous alliez être attaqué, que feriez-vous avec votre petit couteau de chasse ? » — De grandes blessures. Il me dit « Mon maître qui êtes-vous ? » —Officier. « Vous êtes bien

Page 100

riche. » Il regardait ma tabatière. « Les officiers ne le sont guère. » Je lui parlai de son mal: « je vous fais peut-être de la peine ? » « Oh, non car vous me témoignez de la bonté. » « Étudiez pour vous consoler. » « Le latin me fait mal à la tête », son père était notaire. *[Fin de la page du manuscrit de BSP]*

---

[178] Fin de la transcription de Chennevières.
[179] L'ordre du texte est un peu curieux car ce passage semble reprendre l'épisode de l'auberge à Chennebrun. Le paragraphe sur La Trappe semble mal placé, mais nous suivons l'ordre du manuscrit de Bernardin.

De La Trappe jusqu'à Verneuil................6 lieues et ½.

Je pris la route par Nonancourt parce que je savais qu'il y avait une bonne auberge. Ce qui n'est pas d'une légère considération pour un voyageur qui sort de La Trappe.

Le pain bis valait à Chennebrun 31^s, 6^d la tourte. Il augmente en approchant de Paris.

Sur Colas

Quoique boiteux, il voulait me reconduire pour abréger un quart de lieue. « Comment vous appelez-vous ? » « Comme les oiseaux qui volent — Colas[180] » « Mon cher ami, si je repasse à Chennebrun, je vous promets d'aller coucher chez vous. » Il disait avoir été à La Trappe et ils vous ont attrapé. Il m'en avait coûté quinze sols pour mon dîner où j'avais eu une bouteille de cidre, puis 3 œufs frais et enfin une petite bouteille d'eau de vie. On lui avait creusé un de ses tubercules d'une main. C'est, dit-il, difforme et je la couvre.

Je cite ce témoignage d'une amitié passagère parce que jamais je n'ai pu voir des marques d'honnêteté sans être ému. Colas, consolez-vous d'avoir un bon cœur. Il me raconta beaucoup de gens qui avaient été à La Trappe entr'autre un novice qui arriva mourant et fut trois semaines à se refaire chez eux. Je m'appelle, dit-il, comme ces oiseaux qui volent — Colas. C'est notre nom de famille. Colas vint me conduire en boîtant et me dit: « je vous abrège un quart de lieue. Qu'est-ce qui vous a forcé le [mot illisible]. Le nom de l'autre frère de La Trappe était Arsame[?], d'une archef [?] de La Trappe.

Cultivez votre esprit, lisez de bons livres, l'étude vous consolera. Je n'ai pas d'argent. En sortant de la ville voilà un pain de seigle qui est à nous. Je voudrais que vous en eussiez une lieue de longueur. Il me dit voilà votre chemin, je vous abrège d'un quart de lieue. Hommes semblables commes les plantes ayant fleurs,

Page 101

racines, tiges mais différents par caractère. Etude très intéressante. Colas semblable à ces plantes d'Europe[?]. *[Fin de la page du manuscrit de BSP]*[181]

Quand M. le duc de Penthièvre va à La Trappe, on en fait sortir tout le monde et on n'y admet personne. Il a pour l'ordinaire un valet de chambre qui couche près de lui. Il y vient sans page. Il dit que les pères de La Trappe le gâtent. Il mange au

---

[180] Corneille ou corbeau en patois normand. [Louis Du Bois, *Glossaire du patois normand*, 1856]
[181] La transcription de Chennevières reprend ici.

réfectoire avec quelques plats de légumes. Religieux soupent à 5 heures, se couchent à 8h. et se lèvent à 2 h.

Particulier a légué 50 mille écus pour une pharmacie destinée aux pauvres. Elle est en bon ordre. Ils y viennent de fort loin. Homme semblable à Sancho Pansa[182] qui fut me chercher du tabac à Soligny à ¾ de lieue.

Pommier, le dernier de nos arbres à pousser.
J'étais fâché d'avancer si vite afin de les voir tous en fleurs.
Il vient à La Trappe 6 à 7 mille personnes par an comme hôtes. J'en ai vu une quinzaine.[183]

À Verneuil, commerce de bonneterie.

Du mercredi 3 mai

Il m'en coûta 30 sols pour mon souper qui fut fort bon. J'eus abattis de poulet et asperges.

Parti à 6 heures et demie. Temps charmant. Observation vraie. Tous arbres ont à présent des feuilles ce qui n'est pas à La Trappe. Superbes pommiers tout blancs, d'autres roses, d'autres en partie ouverts et clos, d'autres semés sur des bouquets verts en boutons de carmin. Charmante odeur. Je m'assis sur des fleurs à l'ombre des fleurs qui tombaient sur moi.

Page 102

Je laissai toujours la rivière d'Avre, qui sépare le Perche de la Normandie, sur ma gauche. J'éprouvai qu'un pigeon, d'un vol doux et paisible comme lorsqu'il veut s'écarter, volait six fois plus vite que je ne marchais. Je fis 25 pas pendant qu'il en vola 150.

Un laboureur m'apprit que ces terres étaient médiocrement bonnes. Que les plus tardifs pommiers donnaient leurs pommes amères et quoiqu'ils fleurissent les plus tard, ils donnaient de meilleure heure leurs pommes jaunes très bonnes à faire du cidre.

Après avoir traversé un long bois près Tilliers,[184] je descendis dans ce village au fond d'une gorge de haute côte brisée et couverte de bois. Le château est sur un de ces promontoires où il commande et dans une situation propre à faire une bonne défense. La rivière d'Avre arrose des prairies remplies de rigoles.

---

[182] Nom de l'écuyer et compagnon de Don Quichotte dans le roman de Cervantes.
[183] Fin de la transcription de Chennevières.
[184] Aujourd'hui Tillières-sur-Avre.

Je m'arrêtai dans ce lieu pour y écrire à ma sœur et à mon hôtesse à Paris. Il n'était que huit heures et je résolus d'y passer la chaleur du jour qui se disposait à être brûlant. En deux heures de petite marche, je fis le chemin.

Le gros pain vaut à Tilliers 33^s les 12 livres.

Je quittais à regret les pommiers, fâché de ne les pas voir tous dans toute leur beauté. Je m'arrêtai à celui-ci tout éclatant de blancheur, à un autre couleur chair et si chargé de fleurs qu'on n'en voyait pas le bois.

Page 103

À mettre au tableau du printemps

qui doit être mis à mon entrée dans l'Isle de France.[185]

L'hirondelle gazouille au haut du foyer du pauvre et l'avertit que la saison des amours est arrivée. Au fond des eaux, au loin dans les marais, la grenouille fait entendre ses croassements, ses sons rauques, émue de feux inconnus. Le scarabée vert parcourt le chemin et des nuées d'insectes bourdonnent. Les brebis suivies de leurs agneaux. Collines, vallons retentissent des bêlements.

Sur la maréchaussée

À Verneuil, il y avait des brigades de maréchaussée qui allaient à leur revue qui se fait le 10 mai. Cet établissement est de la 1ere nécessité. Mais j'ai vu aux Loges un évènement qui m'a fait voir combien on pouvait en abuser. Sans compter les connaissances que j'ai de l'abus qu'on en fait dans mon pays, où par elle, sur la réquisition des curés et évêques, les enfants des protestants sont enlevés à leurs parents pour être élevés de force dans la religion catholique. Voici le fait: un enfant orphelin sans feu ni lieu, de caractère assez indépendant avait répondu durement à une tante qui l'avait grondé, à un paysan qui l'avait maltraité pour ne lui avoir pas ôté son chapeau car il est dans la nature dépravée de l'espèce humaine de croire qu'un malheureux est fait pour obéir. Ceux-ci se plaignirent au curé, celui-là à la maréchaussée qui vint prendre cependant l'agrément du gentilhomme chez lequel je logeais, qui leur conseilla, cet enfant ayant 12 à 14 ans de lui faire peur sans l'emprisonner n'ayant aucun crime à son compte. Ce à quoi ils se résolurent quoique venus à autre intention assez sage autant que juste. J'appris donc qu'à la simple requête d'un gentilhomme ou d'un curé, on pouvait faire arrêter un homme comme mauvais sujet. Il importe à Paris de désapprouver cette conduite du Pays d'Auge introduite par les chefs pour se rendre la noblesse [mot illisible] qui répugne à la raison, à la liberté de tout Français

---

[185] Il s'agit de la région autour de Paris et non de L'Ile de France aujourd'hui Ile Maurice.

Page 104

et à la justice du roi. Car à Paris, où une multitude de citoyens *[Fin de la page du manuscrit de BSP]* sont comme orphelins vis-à-vis une multitude de gens riches, ne pourra-t-il pas arriver que, sur les sollicitations d'un homme puissant, un homme sera elevé[?] parce qu'il aura déplu. Les abus peuvent venir de la province à Paris en retour de ceux que cette ville lui envoie. Quoiqu'on puisse dire que cette ville soit républicaine parce que l'extrême opulence et la société naît[?] une philosophie qui, faisant achever le cercle aux hommes, les défait d'une multitude de petites prétentions. Je crois donc qu'une pareille démarche ne peut, d'un corps formé pour la plupart de militaires et civils, n'être éxécutée qu'après avoir suivi l'ordre des lois, vers quelque sujet que ce soit, quelque misérable ou même coupable qu'il soit, soit au procureur du roi ou justice ou le gentilhomme. Moins sage que le Ch^{er} M. où s'il est des cas où un ordre prompt soit nécessaire et que ce soit par l'autorité d'un gouverneur ou maréchal de France ou chargé de l'ordre du roi afin qu'il puisse répondre si besoin est, ayant sur le corps ou sur la province des représentations.[186]

Sur La Trappe

Religieux ont le pouvoir de s'élire un prieur si l'abbé voulait apporter à leur constitution quelques changements.

Après-midi

Quoiqu'il fit fort chaud, je me mis en route à 3 heures et demie. Le vent d'est, très frais, le ciel sans aucun nuage, ce qui est fort rare.

La route va en montant, les côtes qui bordent la petite rivière étant fort élevées.

Je traversai plusieurs bois dont il s'exhale une odeur charmante. Ces côtes sont toutes couvertes de jonc marin et de genêt tout jaune de fleurs et de landes, ce qui fait un fort bel effet. En descendant à Nonancourt, je me reposai sous un aune où broutaient une douzaine de vaches. Les prés s'arrosent par des écluses divisées par des plantations de saules. J'y voulais manger un fromage à la crème.

Page 105

On voit à Nonancourt les premiers vignobles.

Je descendis à Nonancourt au Grand cerf. Très bonne auberge. Il y a un jardin joli, bâti en terrasses. La plupart des fleurs, anémones excepté les tulipes étaient

---

[186] Chennevières reprend la phrase qui suit. Le sens de ce paragraphe n'est pas clair.

passées. Les grenadiers jetaient leurs feuilles rouges, ainsi cet arbre est le dernier ou un des derniers.

Sur le printemps

Les flancs des côtes arides se couvrent des longs tapis d'or du romarin et du genêt. Tout avance. Les bois exhalent une odeur parfumée, les bouleaux, les peupliers exhalent les parfums de la rose. Il faudra aussi décrire la nuit.

On compte 2 l[ieues] et ½ de Tilliers à Nonancourt mais je n'en compterai que deux.

On compte 20 lieues de poste de Nonancourt à Paris.

À Nonancourt, commerce de bonneterie.

Grande épaisseur de terre argileuse et poreuse.

À Verneuil, je vis une petite gueuse[?] de douze ans, appeler vif une enfant qui s'arrêtait pour demander: « Viens , disait-elle, ou je te tuerai ». L'extrême indigence déprave le sexe et l'âge.[187]

Sur La Trappe

J'assistai à deux lectures. La première affreuse ne parlait que de l'enfer damné pour une éternité, le religieux d'un ton grave. On avait voulu me faire mettre à la suite des pères blancs, mais je me mis derrière les roux. La seconde plus consolante.

Dom Hugues me disait « nous nous reverrons ». Il me parlait de la rapidité et inconstance des plaisirs. « ils sont, lui dis-je, passagers comme la vie. Il faut bien que les branches ressemblent au tronc. » Il me dit sur la nature corrompue. Je lui dis « n'est-ce pas Dieu qui en a fait les lois ? Pourquoi les condamner ? Il n'entrait dans aucun argument et se taisait.

Page 106

Je dis à Dom Hugues que les paysans russes, le jour de leur communion, s'enivraient après avoir communié et allaient se coucher parce que, disent-ils, on n'offense point Dieu ainsi. Il rit beaucoup et me dit « je le conterai au père abbé ». Je lui ai dit: « je cherche la vérité mais l'homme est condamné à l'erreur. »

Sur le mois de mai

Où est le mois de mai de ma vie où tout me semblait beau.[188]

---

[187] De nouveau, Chennevières reprend ici.
[188] Chennevières se termine ici.

Du jeudi 4 mai[189]

À quatre heures du matin je suis parti de Nonancourt après avoir payé l'hôte qui ne me demanda que 1^{lt} 4s pour toutes dépenses. Il y avait dans l'air de mai, quelque chose qui m'empêchait de dormir.

Sortant de Nonancourt, sur la droite, on trouve un château avec un parc superbe coupé de canaux, au bas coule la rivière. C'était une multitude incroyable de rossignols. J'avais envie de les saluer. Les uns nichés dans la haie, autour des vignes, sur le chemin, d'autres chantaient dans les aunes, touffus et peupliers du parc. C'était un orchestre entier. Des canaux s'élevaient des fumées comme si le feu eut été sous les eaux couleur d'améthyste où sautaient les poissons, réverbérant les premiers feux de l'orient. Alouettes dans la plaine s'élevant, les herbages argentés. Quel meurtrier dans cette saison oserait tuer un père de famille ou un amant ? Quel tenturier des Gobelins[190] imiterait la soie verte dont chaque arbre est revêtu?

Pour moi, je marchais sans m'arrêter par toute la terre, voyant, avec joie, la vie descendre du ciel et des êtres heureux. Je suivrais le printemps jusqu'aux pôles et avec plaisir, j'entendrais les rugissements de l'ours blanc, et vivrais.

Page 107

Je sortis de la vallée de Nonancourt à une lieue de là passant le pont et me trouvai dans l'Isle de France. Je montai la côte opposée et passai près petite église où l'on faisait procession et où on chantait. Mais quel chant grégorien vaut la musique des rossignols ? Et que je voudrais faire ma procession par tout l'univers, voir encore les bouleaux et les sapins de la Russie aux extrémités jaunes comme candélabres. Petit bois de chêne en fleurs, ce sont des chenilles vertes pendantes toutes à sa parure.

Après une lieue et demie de marche, on entre dans une vaste plaine labourée où il n'y a point d'arbre. Je trouvai une commune au sortir du bois, couverte de romarin, où une pauvre femme coupait. J'en ai beaucoup trouvé sur ma route. La terre en est bonne. Pourquoi ne pas mettre les communs en verger ou en bois plutôt que de les laisser inutiles ?

Après deux petites lieues environ je vis une pyramide où il n'y a qu'une fleur de lys au sommet, sans inscription. C'est une faute. Près de là, était une de ses bornes de chemin marquée 44, ainsi il y a 44 mille jusqu'à Paris.

---

[189] Cette page est écrite au crayon dans le manuscrit. Lecture difficile.
[190] Manufacture des tapisseries à Paris.

Ressouvenir

Mon poinçon[?] ramassa un caillou que je lui montrai avec une grande coquille attachée, ce qui prouve que le caillou n'est point fondu par le feu, les fragments de la coque bien saine et dure et le noyau parfaitemnt vitrifié.

Pourquoi ne pas planter des arbres sur deux rangs de chaque côté, comme il serait possible. Voilà, depuis le bois jusqu'à Dreux, près de 4 mille toises perdues où à deux tiers d'espace des ormes eussent fourni 8 mille pieds d'arbres, agrément pour le chemin, commodité pour le voyageur et revenu pour l'état. Il y a un grand nombre de routes ainsi perdues. Le châtaignier et arbres fruitiers préférables.

Page 108

Agriculture

Peut-être les disettes ou chèreté du blé viennent-elles de ce que les terres les meilleures reposent tous les trois ans. Il arrive, comme dans les choses qui se font au hasard, qu'il y a quelquefois plus de la moitié de ces terres qui reposent à la fois. D'autres fois il y en a fort peu en sorte qu'en réduisant à la 6e partie, il arrive qu'il y a à la fois la 6e partie moins de production. La nature a livré l'homme à sa prévoyance, mais elle ne donne rien à la fantaisie puisque le nombre d'hommes égale à peu près celui des femmes. Le désordre n'arriverait pas s'il y avait un ministre d'agriculture et qu'on eut éclairé cette partie comme les autres. Mais l'homme si accoutumé à ce miracle de la végétation: la nature, prend pour elle la création, les saisons. Mais l'ordre, la conservation et la suffisance sont aux rois. Ainsi, par cela, ils sont les images de Dieu.

Je descendis à Dreux dont on aperçoit la tour ruinée de fort loin. Il est dans un vallon sur la rivière de Blaise. On y fait quelque commerce de bonneterie. Ce château autrefois très considérable.

Un des principaux commerces de Dreux est le vignoble, assez estimé. Il y a plus de douze cents arpents de vigne.

Je fus au château qui, avec son enceinte, est une espèce d'ovale, fort allongé nord[?] et ouest, bâti sur un des angles du vallon, je passai sur des sentiers pleins de cailloux, près de la collégiale dédiée à St Etienne. De là, je fus au pied de la tour bâtie dans un retranchement d'où l'on distingue les pieds droits qui en soutenaient les murs. Quoique ce château soit ancien, je distinguai des pièces de chêne dans la construction. Il est bâti de cailloux et de pierre de marne sur lequel il est élevé. Il me fut impossible de grimper dans la tour d'où l'on découvre un horizon de sept lieues et même Chartres. Cependant je distinguai une magnifique vue, le vallon où coule la Blaise.

Page 109

De là, on voit toute la ville.

Je fus sous la tour où il y a une voûte circulaire bien conservée, en portion de sphère soutenue de 4 demi-cercles qui se coupent à angle droit. Je redescendis dans la première enceinte au pied du château où je trouvai un homme qui taillait des échalas avec des troncs de saule. Il me dit que les gibeciennes[191] étaient venues autrefois jeter la baguette divinatoire pour trouver de l'or et qu'elle avait sauté derrière la collégiale ce qui avait engagé les chanoines à faire creuser mais ils n'y avaient trouvé que du fer. Il me dit que le puits que je voyais là auprès avait 24 brasses de profondeur, creusé dans la marne ce qui, rapporté avec celui que j'ai vu à … de la même profondeur, me ferait croire que la marne n'est qu'un corps étranger à la terre, étant sur sa surface et à peu près épais comme les côtes de Normandie.

On voit des reliques à la collégiale, mais celle-ci se veut château m'en apparaissait une bien plus frappante et authentique car ces mêmes croisées où se mettaient les comtesses de Dreux étaient bouchées avec de la paille, les toits entr'ouverts, les promenades couvertes d'orties, de mauves et me fit penser que les monuments que l'homme doit élever sont ses vertus qu'il porte avec lui pour se consoler, mais les ruines n'étaient rien pour l'antiquité comparable à celle du sol du château. Car, étant entré dans un des souterrains qui sont en grand nombre, j'y trouvai les mêmes bandes de lits de cailloux et les mêmes épaisseurs de marne que j'avais vus à Dieppe. Tous ces vallons, donc, ont été couverts par la mer et sur cette terre ont habité les dieux marins. Un élément a été remplacé par un autre. De là, je suivis la longue enceinte dont il reste, çà et là, de grands pans dont quelques gisent dans le fossé, au bout de laquelle on voit un parapet crénelé.

Tout cet espace est de luzerne. Je voulu descendre par un petit sentier le long d'une pièce d'avoine mais ayant avisé 50 pieds de profondeur à pic, je ne pus m'y

Page 110

résoudre. Car c'est une des choses qui me font peur, que mon imagination ne saurait vaincre, mes yeux s'éblouissent.

Je revins donc par un autre chemin.

On m'apprit qu'il y avait eu des révoltes pour la chute du pays que la sagesse du roi avait apaisées.[192] *[Fin de la page du manuscrit de BSP]*

---

[191] On lit bien 'gibeciennes' mais ce mot était une corruption du mot 'egyptienne'.

[192] Il s'agit de ce qu'on a appelé plus tard 'la guerre des farines', d'avril à mai 1775 dans les parties nord, est et ouest du royaume de France. Troubles provoqués par l'édit de Turgot libérant le commerce des grains à l'intérieur du royaume. La crainte de la disette avait conduit à la tradition d'« emprisonner les blés » par une réglementation étroite du marché. Des droits de douane empêchaient la circulation des grains; de ce fait, le blé pourrissait dans les provinces

Révolte à Versailles même.

Que les autres hommes et qu'il leur est aisé de se donner le mot pour tenir le blé à tel prix qu'ils voudraient. Ce qui n'arriverait pas s'il y avait un ministre d'agriculture. Le peuple était persuadé que les ports de mer regorgeaient de grains prêts à embarquer.

Je partis de Dreux où je fus chèrement à 38 s[ols]. Je passais devant un grand château sur ma gauche. De là je descendis à Cerisi[193] entre deux côtes où passe ici la rivière d'Eure. Troupeau d'ânes et de vaches plus heureux que les hommes paissant des fleurs dans les prés. Car l'homme vit en partie de rapines comme les oiseaux de proie. Il fallait que cet être universel tirât[?] de tout.

Je montai, par un soleil brûlant, sur les 4 heures une côte où est bâti le village de Marolles, ensuite je traversai une plaine immense, de 3 lieues qui va jusqu'à Houdan. La terre y est médiocrement bonne. Il n'y a pas un arbre où l'on puisse se mettre à l'abri. Je fondais en eau, le ciel se disposait à l'orage. La marne est à la surface de là. Je m'arrêtai au village de Goussain[194] dans un très petit cabaret où je demandai du vin et un peu d'eau de vie pour remplir ma petite bouteille. Les liqueurs spiritueuses retiennent la sueur. On parlait beaucoup de révolte, les peuples aimant tous les mouvements extraordinaires. Je calmai tout le monde par l'idée de la bonté du roi qui veut le bien. Je demandai des fromages à la crème. Dans cette vaste plaine, il n'y avait pas de pâturages. Une vieille qui filait me dit qu'on nourrissait les vaches à l'étable mais qu'on avait trouvé le moyen de leur procurer à peu de frais des pâturages au bout de l'année en semant avec le blé et la graine de trèfle, qui, lorsque le blé est coupé, est mangée par les vaches une partie de l'hiver. Le moyen est bon, puisque, nouveau pour eux, les paysans l'approuvent. Moi qui avais vu tant de choses, je n'avais jamais vu de graine

Page 111

de trèfle. Elle ressemble au sable jaune, au goût comme celui de fèves crues.

Après ce village, je trouvais la route plantée d'ormeaux et l'aspect nu mais grand des campagnes de l'Île de France. Les arbres sur les chemins font un effet admirable.

Passant dans le dernier village, hommes conduisent vaches, un veau lié sur un âne, suivi de sa mère qui témoigne une inquiétude singulière. Système de descente bien mal fondé. *[Fin de la page du manuscrit de BSP]*

J'arrivai à Houdan, bien plus considérable que Dreux, bien fatigué. Je portai une lettre à la poste et trouvai la ville en rumeur. Des Suisses et des chevaux légers

---

où la récolte avait été abondante, alors qu'on mourait de faim dans les provinces voisines. La production n'était pas stimulée. (*Encyclopaedia Universalis*).
[193] Nous pensons qu'il s'agit de Cherisy près de Dreux.
[194] Aujourd'hui Goussainville.

dans les principales auberges. La veille il y avait pensé avoir une révolte. Le pain était à 3 sols 6^d la livre. Le roi l'a taxé à 2 sols.

Il y a de Nonancourt à Dreux 3 lieues et demie et Dreux à Houdan 4 lieues.

Grand chemin à décrire de la plaine du matin. Rouliers à la file, hommes à pied comme mouche, chevaux qui galopent comme petit chien. Piétons qui portent bâton et sacs, femmes avec des ânes, des carrosses, des chaises de poste qui avancent à vue d'œil.

Du vendredi 5 mai 1775

Par le plus beau temps du monde, je partis à 4 heures et demie du matin, après avoir logé à une auberge hors la ville, très bonne où je fus à très bon marché 1^{lt} 4^s pour avoir eu à souper asperges et rognons de veau et demi-bouteille de vin.

La campagne est charmante. Il y a des alignements de saules ou d'arbres fruitiers qui croisent les champs et font bon effet. On découvre de fort loin.

Un paysan m'a abordé et m'a parlé de la révolte. Il dit que sur le mouvement du peuple à Versailles, on avait mis le pain à deux sols, qu'ensuite on le mit le lendemain à 4. Me voyant boîter, il m'a appris qu'il fallait, pour se conserver les pieds, se mettre des orties et du son dans les souliers. Je rencontrai des gens d'assez mauvaise mine. Un jeune marchand de basane[195] tout chargé de devant et derrière qui disait tout haut ses prières. J'ai monté à deux lieues de Houdan une montagne sablonneuse d'où l'on aperçoit une vue très belle, mais elle n'approche pas de celle

Page 112

que l'on aperçoit de l'autre côté après avoir fait une demi-lieue jusqu'à La Queue[196] au bas duquel ce village est situé. On aperçoit près des moulins une vue immense, la montagne de Pontchartrain, une multitude de collines qui s'élèvent en croupes plates, le haut couvert de petits bois. Les côtes couvertes de terres labourées, de vignobles, d'autres collines plus loin sortent les unes derrière les autres et vous voyez semés partout des châteaux, des villages, des bois. *[Fin de la page du manuscrit de BSP]*

Le sommet de cette hauteur qui peut avoir près d'une demi-lieue est occupé par des bois et un très grand parc. Mais si l'on pouvait y élever un grand château, je doute qu'il y eût aux environs de Paris une vue plus étendue, ce point dominant tous les environs. Le cercle serait entier. Je descendis à La Queue, bien fatigué des pieds, ayant fait trois lieues.

---

[195] Peau de mouton tannée.
[196] La Queue-en-Yvelines.

Il y a sur le revers occidental de cette montagne des landes où les bois pourraient très bien venir, surtout le châtaignier qui se plaît dans les montagnes sablonneuses et qui donne des fruits utiles aux hommes et aux animaux.

Mais il faut planter presque toute cette route. Je descendis à La Queue ainsi dite, parce que le village, qui est en la longueur, est sinueux. A lieu [?] la dernière auberge et je fis prix parce qu'on y est chèrement moyennant 25 s[ols] pour œufs, asperges, pain et vin. Le jardin me détermina à descendre chez lui. Nécessité d'avoir aux auberges des jardins pour l'agrément des voyageurs. Je trouvai dans le jardin l'aubier ou rose de gueldre[197] dont les palettes sont d'un blanc coloré d'un vert tendre.

Sur le mois de mai

C'est le mois des fleurs. Quel riche spectacle ! Toutes les couleurs dans nos jardins. Les blancs: la rose de gueldre, les narcisses, le seringa,[198] les giroflées, les juliennes;[199] les jaunes: renoncules, jonquilles, genêt d'Espagne; les rouges: les reines du mois de mai, la rose; les pourpres: comme lilas, la pivoine; les bleus: le pied d'alouette, enfin celles qui réunissent toutes les couleurs comme les anémones, les tulipes.

Page 113

Sur les gens de campagne

Il s'en faut bien qu'ils ressemblent à l'idée qu'en donnent nos opéras, quoiqu'il en existe de tel[s]. La cupidité, l'envie, la médisance règnent comme à la ville avec une rudesse qui rend ces vices plus dégoûtants. Le champêtre bien différent du rustique paysan. Comme le roi, le philosophe idéal, bien différent de ce qu'on trouve. La nature ayant mis en chacun de nous un patron de perfection de tout point, le beau existe dans la nature. Il y a des sectes qu'aucune langue ne peut rendre, des beautés. Mais un homme formé de tant de parties harmoniques devant être ferme et immuable, se concilier avec une société si discordante. Il est impossible qu'il ne s'altère en quelque partie. *[Fin de la page du manuscrit de BSP]*

Je partis de La Queue à midi et par une grande chaleur fortifiée d'un vent de sud. Je me mis en route dans l'intention d'arriver de bonne heure pour voir le parc. Je suivis donc le chemin qui s'allonge d'un grand quart de lieue tournant

---

[197] Nom commun de la viorne obier, arbuste à feuilles caduques et palmées, de la famille des adoxacées.
[198] Arbuste ornemental des jardins, aux grandes fleurs solitaires parfumées.
[199] Terme de botanique. Genre de la famille des crucifères. Julienne blanche. Julienne violette (*Littré*).

autour des terres et du plateau de Pontchartrain. À la première avenue, sur le bord d'un ruisseau que je rencontrai sur ma droite, je me mis à l'ombre et me reposai près d'une heure en causant avec des femmes qui lavaient et se plaignaient de la cherté du grain. Après quoi, je me levai pour suivre cette avenue qui côtoie le parc et va au village. Dans le moment que je me levais deux cavaliers de maréchaussée et un exempt[200] descendant de Naufle[201] suivant le grand chemin. J'avais fait cinquante pas dans l'avenue, lorsque je les vis se détourner et venir à moi. Je continuai ma route tranquillement jusqu'à ce que m'ayant débordé tous trois, l'exempt: « où allez-vous Mr. ? » — « A Pontchartrain » — « ce n'est pas la route » — « je cherche de l'ombre n'y en ayant pas sur la grande route. Mais pourquoi me questionnez-vous ? » — « Mr c'est mon devoir, nous vous avons vu quitter la grande route quand nous avons passé et nous voulons savoir qui vous êtes. » — « je ne l'ai point quitté à cause de vous mais à cause que j'étais suffisamment reposé » — « Mr nous sommes obligés par devoir de prendre garde à tout à cause des circonstances présentes. »

Page 114

« Votre nom, s'il vous plaît. » — « M. de St …ingénieur du roi. Je suis bien surpris, Mr, de ces questions. Avez-vous quelqu'ordre contre moi ? Ai-je l'air d'un malfaiteur, quoi, parce que je suis à pied ? Mr, c'est mon plaisir, j'aime la campagne. » — « Mr vous seriez à cheval, c'est notre devoir et vous ne devez pas croire qu'on vous insulte. Je pourrais, même, si je voulais, vous arrêter mais je vous crois sur votre parole. »—« Vous avez la force en main, mais la justice est pour tout le monde. Sur quel fondement m'arrêteriez-vous ? » — « Sur ce que vous avez quitté le grand chemin en nous voyant, vous n'êtes point en uniforme mais en habit de voyage. » — « encore un coup, je m'en allais quand vous avez passé. » — « Mr, je vous en crois sur votre parole. » — « Mr j'ai des lettres sur moi. » —« Mr, Il ne faut pas croire qu'on vous manque. » — « Ce que vous dites ne m'était jamais arrivé. » Sur quoi, un grand cavalier dit: « Puisque vous avez des lettres, ayez la complaisance, dit le brigadier, de me les faire voir. » — « J'en choisis plusieurs, lui fit voir l'adresse de l'une. » Il me dit: « cela suffit, Mr, mais je serai autorisé, vous en ayant vu aller, à vous arrêter. Mr il ne faut pas vous croire insulté. Cela nous arrive tous les jours. » — « Mr vous vous êtes trompé. J'étais levé quand vous avez passé. » — « Mr c'est notre devoir et les honnêtes gens ne doivent pas trouver ces précautions mauvaises. » — « Je ne les désapprouve point mais j'y suis sensible parce que c'est la première fois que cela m'arrive. Mr est-ce qu'il n'est pas permis à un officier de voyager à pied ? » — « Oui, mais il nous est ordonné de demander tout le monde où il va et, dans le doute, d'arrêter les

---

[200] Officier de police.
[201] Aujourd'hui Neauphle-le-Château.

personnes. » — « Mr je vais coucher à p.ch.[202] De là, avant de me rendre à Paris, je passerai à Marly,[203] Saint-Germain ayant un grand plaisir de marcher dans cette saison. » — « Mr je vous crois » et il prit plusieurs interlocutions. Il me souhaita un bon voyage. Sur quoi, ayant tiré ma tabatière, il se hâta de tirer la sienne et m'en offrit. J'ai remarqué que deux ou trois bijoux en imposent favorablement les inconnus en notre faveur. « Quoi Mr, dit-il, vous ne savez donc pas les malheureux évènements ?[204] » — « Oui, dis-je, on en parle assez sur la route. »

Page 115

Je lui dis: « quoi, Mr, si je n'avais eu aucun papier ? » — il me dit: « Mr, j'en serais le maîtrre et vous en seriez pour l'embarras » Enfin il me dit: « soyez sûr que mon intention n'a point été de vous manquer. C'est mon devoir. » Je lui dis: « Mr j'en suis content. ». Je pensais, chemin faisant, que c'était là un singulier évènement que je n'aurais pu éviter si sa mauvaise humeur avait duré car, même armé, je tiens qu'on ne doit pas résister aux ordres du prince. Mais le but de mon voyage, étant honnête et juste, il faut se mettre au-dessus de tous les événements qui en puissent résulter. *[Fin de la page du manuscrit de BSP]*

Et où aurais-je trouvé de la protection, moi qui, après Dieu, n'espère que dans le prince dont je ne suis pas connu. Mais une bonne destinée qui m'a tant de fois préservé me sauva un désagrément et changea son humeur, quoique mes premières réponses eussent dû l'aigrir car je lui dis, deux ou trois fois, avec chaleur, pourquoi me questionnez-vous.

Le village de P.C[205] est l'ouvrage de M. de Maurepas[206] qui a fait bâtir en cercle 4 auberges. Autour du cercle au centre duquel aboutissent 4 grandes routes. Une allée du parc fait une des ouvertures.

J'eus bonne opinion de la … du seigneur lorsque l'hôte du Coq où j'étais logé me donna la clef du parc. J'étais très fatigué mais la beauté du lieu me donna envie de le parcourir. Trois longues avenues offrent comme dans trois tableaux de vastes perspectives. En descendant celle du milieu, je me trouvai au centre de huit allées. Grandes allées offrant toutes quelque point de vue. Au milieu est une statue coiffée d'un casque et tirant, d'un air menaçant, l'épée du fourreau. De grands peupliers naturels et supérieurs à ceux de l'Italie. Comme je me reposais, pensant

---

[202] Sans doute Pontchartrain.
[203] Bernardin écrit 'marli'.
[204] Voir note 191.
[205] Pontchartrain
[206] Le développement du bourg de Pontchartrain est lié à la déviation au dix-septième siècle de la route de Paris à Dreux qui passait auparavant par Neauphle-le-Château; décidée par le comte de Maurepas, alors propriétaire du château, elle avait pour but de faciliter le trafic en évitant la montée dangereuse vers la butte de Neauphle.

à mon aventure, un tourbillon affreux de vent leva un nuage de sable obscur au-dessus du parc, des allées, des villages, les peupliers frémissaient, leurs mares remontées[?] et le héros du milieu ajoutait à ce tableau, semblant menacer l'orage et les tourbillons qui venaient en face.

Il me serait trop long de décrire tout ce qui me fit plaisir.

Page 116

Des bosquets d'arbrisseaux à fleurs, le grand cytise faux-ébénier avec ses grappes de fleurs jaunes, celui qui porte ses grappes de velours, le chèvrefeuille, rouge comme corail, les cerisiers à fleurs doubles, l'aubier avec des grappes de fleurs blanches, une multitude dont je ne sais pas le nom, enfin le plus beau des arbrisseaux après le rosier, les lilas, avec leur liberté naturelle, étaient chargés de fleurs. Dans les massifs du parc étaient, avec raison, tous les arbres de nos forêts mêlés aux étrangers: les grands chênes, les grands sapins, les pins, les frênes, les châtaigniers, les hêtres, le peuplier qui raisonne[?], tous parés de ton vert mais variés d'une multitude de nuances différentes. *[Fin de la page du manuscrit de BSP]*

Je descendis de l'autre côté devant le château entouré de fossés d'eau où une vue immense. De l'autre côté étaient des tilleuls disposés en rangées avec leur caisse formée de verdure. Dans une pièce à côté, d'autres contraints seulement sur leur flanc, formaient de vastes voûtes dont les troncs semblaient autant de colonnes. La beauté parfaite du vert. Tout me parut disposé avec un goût de [mot illisible] et une magnificence royale.

La facilité donnée aux étrangers de communiquer partout, les portes du potager ouvertes me donnèrent du maître une très bonne opinion.

Je vis ce que jamais je n'avais vu, un canard blanc perché dans un arbre où était sa loge. Le temps ne me permit pas de faire d'autres observations sinon que, les statues, la plupart de pierre, ressemblent au marbre étant pénétrées de cire qui les conserve. Et, ayant examiné le pied d'une Atalante et frotté avec le pouce, je vis que cette préparation prenait le plus beau poli en la frottant d'un corps dur et que par des cires plus ou moins luisantes on viendrait à imiter plus parfaitement le marbre.

Je repensais à ma rencontre.

Page 117

Si en circuitant Paris de 40 lieues de distance, j'avais vu partout les racines de ce grand arbre s'étendant jusque là, maintenant j'en voyais les fleurs.

Du samedi 6 mai

Je sortis à 4 heures et demie du matin, fort content de mes hôtes qui m'avaient pour 30[sols] donné plat de raie, près d'une bouteille de vin.

Je montai, le soleil ne paraissant pas encore.

La montagne sablonneuse de Pontchartrain. Le chemin est coupé dans la montagne dont les lits sablonneux de 60 à 80 pieds d'élévation. Il y a dans la partie supérieure des blocs de grès disposés en couche(s) horizontales. ***[Fin de la page du manuscrit de BSP]***[207] [...] et un malheureux petit garçon et sa sœur ramassant du bois mort sec dans des hottes.[208] Ces 3 petites filles dont la 2e était jolie étaient fillettes du suisse du château. Javotte, enfant de neuf ans, ramassait aussi du bois pour remplir leur hotte et elle m'aborda pour admirer mes boutons. Puis pour me dire qu'ils manquaient quelquefois de pain, que la mère les battait quand la hotte n'était pas pleine et quand elle l'était trop, le suisse de la porte la prenait pour lui. Le bon cœur de Javotte m'intéressa. Je ne pensais plus aux enfants de marbre et touché du contraste de la somptuosité du lieu et de la pauvreté de ses voisins. Je caressai Javotte et la chargeai de porter une aumône ce qu'elle fit avec une grande satisfaction. La petite malheureuse me remercia. Comment peut-on se plaindre de n'être pas riche pour avoir des statues d'enfants de marbre, la nature en ayant fait de vivants, de reconnaissants, de sensibles ? Comment se plaindre de la rareté de bons artistes qui ne peuvent rendre l'expression lorsqu'avec une bagatelle vous allez vous-même, plus habile statuaire, exprimer des expressions inimitables et faire croître dans des cœurs des mouvements dignes de la divinité ? Je quittai Javotte qui voulait venir avec moi à Paris. Une multitude d'enfants déguenillés couraient chercher du bois dans le parc, plus gais dans leur indigence, la nature ayant

Page 118

ôté à l'âge, comme un bienfait, la plus malheureuse réflexion.

Je continuai ma route en descendant et, quoique peu sensible à tous ces marbres, je ne pus qu'admirer les superbes chevaux dressés par des esclaves qui

---

[207] Il est possible que des pages du manuscrit de Bernardin manquent car il n'y pas de suite dans ces idées. La page 72 de Bernardin est suivie par sa page 81.
[208] Note dans la marge de gauche, vraisemblablement de la main d'Aimé-Martin: 'pris pour les etudes de la nature'. En effet, nous retrouvons le passage suivant dans les *Études*: 'Une autre fois étant à Marly, je fus voir, dans les bosquets de ce magnifique parc, ce charmant groupe d' enfants qui donnent à manger des pampres et des raisins à une chèvre, qui semble se jouer avec eux. Près de là est un cabinet couvert, où Louis XV, dans les beaux jours, allait quelquefois faire collation. Comme c' était dans un temps de giboulées, j' y entrai un moment pour m'y mettre à l' abri. J'y trouvai trois enfants bien plus intéressans que des enfants de marbre. (*OCBSP*, I, 243)

sont des deux côtés de la pièce d'eau comme ce que j'avais vu de ce genre de plus parfait.[209]

Toute l'élévation de Versailles sensiblement plus froide depuis Pontchartrain. Grands ormes donnant à peine leurs feuilles, ce que je n'avais vu nulle part.

De Marly je gagnai au pied de la montagne St Germain, gravée par des sentiers et escaliers dans la montagne près de grandes carrières de pierre de taille qu'on voit de fort loin *[Fin de la page du manuscrit de BSP]*

Je descendis au Grand-cerf
De Pontchartrain à Versailles ....4 [lieues]
De Versailles à Marly.................................1
De Marly à St Germain 1

Je sortis de St Germain, mécontent de mon hôtesse trop chère.[210] Je fus promener sur la terrasse d'où l'on voit les trois quarts d'un horizon. Le château antique habité par divers particuliers qui se revendent leur logement. On voit des abus semblables aux charges. On voit de Chatou [mots illisibles] Nanterre. Je traversai la forêt de taillis, de bouleaux maintenant ombragée. La belle forêt est au-dessus de la montagne. Après avoir passé la rivière au village[211] du Pec[212], repassé sur le long pont de Chatou, traversé une plaine, passé à côté d'une petite chapelle où je me mis à l'ombre de quelques arbres, bonne femme qui dit pour 3 sous[?] des neuvaines pour obtenir ce qu'on désire. L'on discourt sur les gens charitables. C'était là où Ste Geneviève gardait ses moutons.[213] Arrivée à Nanterre, j'entends la messe à Chapelle de Ste Geneviève, un puits au milieu. On tient que c'était sa maison. Pancarte au-dessous, nous offre de nous vendre l'eau du puits. Gens qui, après la messe, s'en abreuvent. Deux cuillères de fer enchaînées au puits, évangiles dites sur la tête, soldat aveugle amené par une femme, à l'évangile et au puits, ex-voto en grand nombre. Puits, au-dessous des pierres, à 45 pieds de profondeur.

Utilité des voyages

Rendent généreux en rapprochant l'homme des autres, solitude l'en éloigne plus que l'opulence, détruisent les mauvaises habitudes, étudient de la philosophie, disposent à l'indulgence, vertu si nécessaire. Terre n'est faite que pour y voyager.

---

[209] Nous pensons qu'il s'agit des chevaux de Marly.
[210] Cette page, à partir de 'Je sortis […]' est rédigé au crayon. En plus, une tache d'humidité empêche une lecture certaine.
[211] La transcription du copiste se termine ici. La suite du manuscrit de Bernardin est très difficile à suivre.
[212] Le Pecq.
[213] A partir de la fin du XVe siècle, sainte Geneviève est représentée comme une bergère qui garde ses moutons.

Révolte

Venue des gens de campagne à St Germain puis à Nanterre piller les boulangers.

J'ai toujours été mieux servi par les hasards que par les ruses [lecture conjecturale]

Sorti de Nanterre pris chemin de [mot illisible]
abandonne carrière très vaste[mots illisibles]
quitte route [mots illisibles]
À la gauche du chemin[214]

---

[214] La fin du texte, le bas de la dernière feuille est quasi-illisible — le tout est très pâle, le papier abîmé.

MHRA Critical Texts

This series aims to provide affordable critical editions of lesser-known literary texts that are not in print or are difficult to obtain. The texts will be taken from the following languages: English, French, German, Italian, Portuguese, Russian, and Spanish. Titles will be selected by members of the distinguished Editorial Board and edited by leading academics. The aim is to produce scholarly editions rather than teaching texts, but the potential for crossover to undergraduate reading lists is recognized. The books will appeal both to academic libraries and individual scholars.

Malcolm Cook
Chairman, Editorial Board

Editorial Board

Professor Malcolm Cook (French) (Chairman)
Professor Guido Bonsaver (Italian)
Dr Tyler Fisher (Spanish)
Professor David Gillespie (Slavonic)
Professor Catherine Maxwell (English)
Dr Stephen Parkinson (Portuguese)
Professor Ritchie Robertson (Germanic)

www.criticaltexts.mhra.org.uk

www.ingramcontent.com/pod-product-compliance
Lightning Source LLC
Chambersburg PA
CBHW071513150426
43191CB00009B/1513